Jalousie, quand tu nous tiens !

Karine Grandval

Jalousie, quand tu nous tiens !

Les confessions intimes des couples, les clefs pour surmonter cette épreuve

Michel Lafon

118, avenue Achille-Peretti – CS 70024
92521 Neuilly-sur-Seine Cedex
www.michel-lafon.com

À Laurent, mon amoureux, mon fiancé, mon tout
depuis bientôt dix-sept ans.
À Hugo et Mael, mes merveilleux petits anges
qui deviennent grands et dont je suis si fière.
À ma maman chérie, certainement
la plus merveilleuse maman de l'univers.

Avant de commencer…

« La plus vaine et tempétueuse maladie qui afflige les âmes humaines est la jalousie. »

MONTAIGNE, *Essais* (livre III, chap. 5)

« La jalousie ? Un sentiment que je ne connais pas… » Cette petite phrase anodine entendue au détour d'une conversation a résonné en moi comme un coup de tonnerre… Cela paraissait complètement surréaliste, surtout pour la jalouse invétérée que je suis. Je ne sais pas ce qu'il en est pour vous, mais moi, la jalousie, je la connais assez bien ! Elle m'a même accompagnée façon garde rapprochée, venant insidieusement distiller angoisse et colère à certains moments de ma vie.

À l'âge de onze ans, je perds mon papa dans un accident. Et même si je suis très bien entourée, avec une maman et une famille très aimantes, c'est certainement à ce moment-là que s'est développé chez moi une insécurité affective. Ajoutez à cela une adolescence un peu ingrate, avec le combo appareil dentaire et poussée d'acné, idéal pour ébranler mon estime personnelle, et j'avais droit au cocktail parfait de la future jalouse !

Et on peut dire que ça n'a pas loupé… Dans mes premières relations amoureuses, j'allais toujours vers des histoires compliquées plus ou moins vouées à l'échec, ce qui attisait encore plus ma jalousie. J'avais un besoin vital de me rassurer en m'engageant à chaque fois, paradoxalement, dans des relations qui ne menaient à rien.

Ensuite, mon estime personnelle est remontée d'un cran, une fois l'adolescence terminée ; mais j'avais toujours du mal à faire confiance, et une véritable angoisse de la rupture.

Et puis, j'ai rencontré mon compagnon, Laurent, et là, ça a été une évidence. Pour la première fois je me sentais aimée et en sécurité… Et bim ! nous décidâmes de faire un bébé quelques mois à peine après notre rencontre. Comme dans les contes de fées, tout allait pour le mieux dans le meilleur des mondes. Sauf que j'ai oublié de vous dire que mon Laurent, en plus d'être un très joli garçon, est… chanteur !

Génial, me direz-vous, sauf que pour la jalouse que je suis – que j'étais ? – partager sa vie avec un chanteur n'est pas de tout repos. Il y a toujours tout un tas de jolies jeunes filles qui viennent lui tourner autour, telles des mouches autour d'un pot de miel. Une situation qui, même si j'ai confiance, peut potentiellement m'énerver, soyons honnêtes. Il m'a donc fallu apprendre à vivre avec. Et si cela me fait aujourd'hui sourire, ça n'a pas toujours été le cas : oui, il m'est arrivé d'aller jeter un coup d'œil dans son portable, pour me rassurer. Oui, il m'est arrivé de scruter un peu plus que je n'aurais dû son profil Facebook. Je n'en étais pas très fière, mais j'avais l'impression que cela me rassurait… Sauf qu'en réalité ça me stressait encore plus ! Un jour, j'ai donc décrété qu'il fallait que je change.

Aujourd'hui, j'ai quarante-deux ans, et après beaucoup de hauts et quelques bas dans notre couple, nous sommes toujours ensemble. J'ai appris à apprivoiser ma jalousie.

Elle n'a pas totalement disparu, il m'arrive encore de ressentir un peu d'agacement dans certaines situations, mais au moins elle ne me fait plus souffrir, et j'arrive à la tenir à distance.

Mais si, maintenant, je parviens enfin à contrôler mes émotions, de nombreuses personnes confrontées à ce problème sont malheureusement dans une impasse dont elles n'arrivent pas à sortir…

Voilà pourquoi j'ai eu envie d'écrire ce livre, afin d'aborder la plus grande part des situations que j'ai pu rencontrer ces dix dernières années, que ce soit au travers de l'émission de télé *Confessions intimes* ou lors de mes consultations.

Mon expérience au sein de l'équipe de cette émission célèbre a constitué pour moi une révélation. Quand on travaille en cabinet, les patients viennent consulter la plupart du temps parce qu'ils ont pris conscience que quelque chose n'allait pas comme ils le souhaitaient dans leur vie. Nous prenons le temps d'effectuer un travail en profondeur.

Quand on officie dans un programme comme celui-ci, la situation est bien différente. D'une part, le temps que je passe avec les personnes à qui je viens en aide est plus limité, ce qui ne permet pas de mettre en place, vous vous en doutez, une véritable thérapie. Il faut pouvoir cerner la problématique très rapidement, et appliquer parfois des méthodes qui favorisent une prise de conscience rapide chez les témoins.

D'autre part, il arrive fréquemment que la personne qui contacte l'équipe ne soit pas celle qui fait preuve d'un comportement inapproprié mais celle qui en subit les conséquences. La difficulté consiste donc à provoquer cette fameuse prise de conscience chez le responsable de ces comportements. Nous avons donc souvent recours au « visionnage ». On diffuse aux témoins – ceux que nous allons aider à résoudre leurs problèmes dans le cadre de l'émission –, des images d'eux-mêmes tournées les jours précédents : cela permet de faire une sorte de photographie de la situation des participants à l'émission, et de leur donner la possibilité d'observer leur comportement avec le recul qu'offre l'écran. Leurs réactions sont souvent surprenantes, car la majorité d'entre eux ne se voit pas agir tel qu'il ou elle le fait, ce qui donne quelquefois lieu à des séquences riches en émotions.

La jalousie est un thème récurrent dans l'émission, et j'ai toujours une tendresse particulière pour ces personnes en souffrance qui semblent par moments avoir perdu pied. Il est important pour moi de faire mon possible pour les aider à trouver les parades pour qu'elles se sortent de ce mauvais pas. Mais comme je le dis souvent, si elles font appel à moi, c'est que rien n'est perdu et qu'il est possible de trouver des solutions !

Il était difficile de recenser toutes les situations que j'ai pu rencontrer : j'ai donc essayé de passer le plus de problématiques possible en revue, en les illustrant de plusieurs histoires vécues.

Mais avant de commencer, essayons d'en apprendre un peu plus sur la jalousie, un sentiment dont la fonction première, selon les théories évolutionnistes, consistait à préserver l'espèce par la préservation du couple. Et c'est parce que la jalousie est depuis toujours nécessaire à la survie qu'elle se manifeste encore aujourd'hui chez tout un chacun.

La jalousie, qu'est-ce donc ?

La jalousie est un sentiment universel. Parmi les personnes interrogées, 35 % se disent très jalouses et 38 % assez jalouses, ce qui fait quand même 73 % ! Dès l'enfance nous avons envie d'être aimés, voire préférés, besoins présents dans toutes les cultures et sous toutes les latitudes. Qui n'a jamais ressenti cette petite (ou grande) sensation de pincement au cœur ?

La douloureuse crainte d'être trompé, remplacé, est parfois justifiée – si votre partenaire est infidèle, par exemple – mais ne sert malheureusement à rien, car, comme le dit si bien l'adage, « la peur n'évite pas le danger ».

Sur ce sujet, la parité est de mise : hommes et femmes sont logés à la même enseigne, confrontés de manière équitable aux affres de la jalousie, même s'ils n'ont pas forcément la même manière de réagir. Là où les femmes déprimeront ou basculeront dans l'hystérie, les hommes, eux, réagiront par la colère, parfois même par la paranoïa. Toutes les cultures humaines y sont confrontées, à moindre échelle dans celles n'érigeant pas la fidélité en valeur incontournable du couple, comme pour les maris dans les pays de tradition polygame.

L'amour peut-il exister sans jalousie ?

Quand on accorde à l'être aimé une place très importante dans sa vie, on a souvent peur de le perdre, et cela peut nous conduire à éprouver une jalousie plus ou moins intense. Lorsque le soupçon se fonde sur un simple fantasme, la situation peut rapidement devenir ingérable et fragiliser le couple, voire rompre son équilibre.

La jalousie est-elle si mauvaise que ça ?

Pour autant, la jalousie n'est pas toujours un problème en soi. Comme toutes les émotions, elle est un indicateur de ce que nous ressentons au plus profond de nous-même. Elle sert initialement à nous indiquer qu'il y a un problème lié à une insatisfaction, comme Micheline qui, après une relation de huit ans, n'envisage toujours pas de s'installer avec son compagnon, ou à une insécurité, comme Patrick qui continue allègrement à draguer les filles sur les réseaux sociaux.

Comme la jalousie est particulièrement présente dans les relations amoureuses, certains vont même jusqu'à valoriser sa présence dans le couple. Si elle est saine, elle peut en effet avoir un petit côté stimulant et permettre d'affirmer l'importance de l'autre pour soi, de prouver son attachement. Elle aide parfois aussi, dans une certaine limite, à rester en alerte, à ne pas s'endormir ou s'enliser dans la routine.

Mais lorsqu'elle entrave la liberté ou touche au respect de l'autre, elle ne sert malheureusement à rien, si ce n'est à faire souffrir. Elle est même l'une des causes les plus répandues de séparation.

On entend souvent des personnes qui justifient leur jalousie en la présentant comme une démonstration d'amour ; mais encore une fois, elle est avant tout le reflet d'une peur, d'un malaise ou d'un manque d'estime de soi.

« J'aime que mon ou ma partenaire soit jaloux, car cela montre qu'il se soucie de moi. » Les couples fonctionnant sur ce mode-là cherchent à susciter la jalousie de leur partenaire quand ils ont besoin d'être rassurés sur leur couple. Ils cherchent aussi à recevoir de l'attention quand ils sentent une distance se créer entre eux.

Mais il y a quand même des manières plus saines de donner ou de recevoir de l'attention. Échafauder un plan pour susciter la jalousie de son partenaire n'est pas la manière la plus judicieuse de se rassurer sur son amour.

Alors, pourquoi certaines personnes sont-elles plus que d'autres sujettes à la jalousie ?

Comment devient-on jaloux ?

Pour le savoir, il faut s'interroger sur les origines de ce sentiment. Il peut naître très tôt au sein de la famille. À tort ou à raison, la naissance d'un petit frère ou d'une petite sœur peut parfois déclencher de la souffrance chez un enfant. Une préférence marquée, une différence de traitement, réelle ou imaginée, viendra nourrir une jalousie dont il sera difficile de se débarrasser et qui pourra ressurgir dans les relations amoureuses futures.

Un divorce, un décès ou un parent qui tourne le dos à son ou à ses enfants peuvent avoir des effets tout aussi dévastateurs, susceptibles d'alimenter pendant des années et des années un fort sentiment d'abandon qui viendra empoisonner les relations.

L'école aussi peut être le théâtre de toutes les premières impressions. Inconsciemment, le plus souvent, certains professeurs font quelquefois preuve d'injustice envers leurs élèves. Certains enfants plus vulnérables que d'autres géreront la situation avec leurs armes d'enfants, dont la jalousie peut faire partie. La cour de l'école et les premières amitiés si changeantes peuvent aussi faire naître de grandes souffrances chez certains enfants, pour qui attachement pourra rimer avec trahison et jalousie…

Les expériences amoureuses passées ont aussi de fortes répercussions sur notre manière d'appréhender le couple aujourd'hui. Il suffit souvent d'avoir été trompé une fois pour devenir jaloux. La souffrance passée se transforme en méfiance permanente, et les personnes concernées vont éprouver de grandes difficultés à accorder leur confiance.

Si des éléments extérieurs peuvent influencer notre prédisposition à un comportement jaloux, il faut aussi souligner, par exemple, l'influence des valeurs de la société : ainsi, le principe de fidélité peut avoir une incidence sur le développement de la jalousie, tant il fait partie de notre culture. Ce principe se retrouve d'ailleurs depuis les civilisations anciennes, où il constituait les fondations de la société patriarcale autour du noyau central de la famille.

Chez les Grecs et les Romains, la fidélité était considérée comme un acte de citoyenneté. Elle répondait à la forte pression qui entourait la pureté de la lignée. Cette importance de la fidélité a perduré au cours des siècles, justifiée par le besoin de transmettre les biens à ses enfants légitimes. La monogamie était donc, déjà à l'époque, une question de bon fonctionnement de la société.

Dans les cultures où le mariage est fondé sur l'amour, la fidélité est aujourd'hui considérée comme le prolongement naturel de l'attachement porté à son conjoint. Elle est encore de nos jours l'une des exigences du mariage civil en France, l'un des quatre piliers du mariage catholique, une obligation éthique pour les autres confessions chrétiennes, un engagement du mariage juif et une obligation aux yeux de l'islam.

Cette obligation de fidélité est donc bien présente dans nos traditions et notre inconscient collectif depuis des siècles. Rien d'étonnant à ce qu'elle soit perçue comme une valeur refuge, une protection, quand on attend de son partenaire réconfort et sécurité dans un monde de plus en plus incertain.

Quoi qu'il en soit, la jalousie peut vite devenir un fléau pour le couple. Cristallisant nos angoisses d'abandon, elle est souvent source de discorde. Et ce d'autant plus si on est doté d'une personnalité de type anxieux. Mais elle fait malgré tout partie de nos vies, et rares sont les personnes suffisamment confiantes et sûres d'elles-mêmes en tout point pour en faire l'économie.

Au travers d'histoires de couples vécues, je vous propose d'explorer ensemble la planète Jalousie, et de dénicher toutes les solutions pour combattre ce sujet encore tabou ! La jalousie n'arrive pas qu'aux autres, et la gérer, ça s'apprend…

Test
Êtes-vous jaloux ?

La jalousie peut revêtir différents visages. De la banale inquiétude furtive à la souffrance destructrice devenue incontrôlable, il existe mille et une manières d'être jaloux.

Un peu, beaucoup, à la folie… Jusqu'où seriez-vous prêt à aller par jalousie ? Faites ce test, et découvrez le jaloux qui se cache en vous !

1 - Pour vous l'amour, c'est...

a) Jamais l'un sans l'autre.
b) Partager le plus de choses possible pour mieux se connaître.
c) Préserver son jardin secret pour garder le mystère.

2 - Vous arrive-t-il de penser au passé de votre partenaire ?

a) Tous les jours.
b) Parfois.
c) Jamais.

3 - Son téléphone portable...

a) Vous connaissez par cœur son code de messagerie (et l'utilisez régulièrement).
b) Vous vous demandez pourquoi il le garde toujours dans sa poche.

c) Vous détesteriez qu'il fouille dans le vôtre, ce n'est pas pour aller fouiller dans le sien.

4 - Votre moitié est invitée à une réunion d'anciens élèves...

a) Vous l'accompagnez coûte que coûte, pas question qu'elle croise son ex si vous n'êtes pas là.

b) Vous restez à la maison, mais vous la bombardez de questions quand elle rentre.

c) Ça tombe bien, vous aviez envie d'aller au cinéma avec vos amis.

5 - Si votre partenaire avait une aventure d'un soir...

a) Vous pensez que vous pourriez en mourir.

b) Vous pensez que votre couple n'y survivrait pas.

c) Ce serait un gros coup dur, mais parfois il faut s'efforcer de pardonner.

6 - Lors d'une soirée, votre partenaire se fait draguer ouvertement...

a) Vous faites un scandale, devenez incontrôlable et très agressif (agressive).

b) Très énervé(e), vous tirez votre partenaire par le bras et lui demandez de rentrer à la maison.

c) Ça vous agace un peu, mais vous êtes plutôt flatté(e) que votre chéri(e) plaise toujours autant.

7 - Avez-vous confiance en vous ?

a) Non, pas du tout.

b) Ça dépend pour quoi.

c) Oui, bien sûr !

8 - Enfant, avec vos frères et sœurs, c'était...

a) Très problématique, et ça l'est encore aujourd'hui.

b) L'entente cordiale.

c) L'entente parfaite, avec quelques disputes de temps en temps.

9 - Le mode de fonctionnement de votre couple...

a) Vous êtes terrorisé dès que votre partenaire n'est pas avec vous.

b) Vous êtes un couple fusionnel à autonomie limitée.

c) Vous avez chacun besoin de votre indépendance.

10 - Pour vous, jalousie rime avec...

a) Souffrance.

b) Amour.

c) Inconfort.

Vous avez un maximum de réponses C

Vous êtes ce qu'on appelle un jaloux « normal ».

Vous n'êtes pas jaloux de nature, mais si vous sentez que votre relation est menacée, vous pouvez alors ressentir une certaine jalousie. Ce sentiment fonctionne chez vous comme une alerte : il vous prévient que votre couple est peut-être fragilisé.

Vous avez un maximum de réponses B

Vous êtes un jaloux « possessif ».

Vous avez besoin que votre relation de couple soit assez fusionnelle pour être épanoui(e), et vous êtes dans une dépendance amoureuse qui vous fait souffrir.

Vous avez un maximum de réponse A

Vous êtes ce qu'on appelle un jaloux « obsessionnel » ou « maladif ».

La jalousie fait partie de votre quotidien. Elle est plus forte que vous, vous ne pouvez pas la maîtriser. Elle vous rend malade et transforme vos relations de couple en guérilla.

Qu'elle soit normale, possessive ou pathologique, la jalousie est un sentiment souvent pénible, et pas toujours facile à dompter. Tout comme le stress, elle peut avoir à long terme des répercussions non seulement sur votre couple mais aussi sur votre santé ; certaines études médicales affirment même qu'elle pourrait favoriser la maladie d'Alzheimer chez les femmes.

Heureusement, il existe des solutions pour l'empêcher d'affecter votre vie de manière trop importante.

À travers différents témoignages, nous allons ensemble faire le point sur cette fameuse jalousie qui empoisonne chaque jour un peu plus votre existence, et explorer les moyens de l'apprivoiser ou de la tenir à distance.

1
La jalousie « normale »

On la nomme aussi jalousie « vigilance ». Il s'agit avant tout d'un signal d'alarme qui nous prévient que quelque chose ne va pas.

La jalousie amoureuse, dite « normale », est celle que nous mettons en place, consciemment ou non, pour nous protéger d'un danger réel ou pressenti qui menace notre couple.

Elle se déclenche pour la préservation de nos intérêts, pour nous aider à garder une place spéciale auprès de l'être aimé et à protéger la relation amoureuse.

Infidélité, manque d'attention, changement

d'attitude... Nombreuses sont les causes qui peuvent expliquer que la jalousie nous envahisse subitement. Difficile de rester de marbre quand on apprend, par exemple, que notre compagnon nous trompe !

Souvent, une personne devient jalouse quand elle sent que son couple bute sur un obstacle, même si celui-ci n'est pas de cet ordre.

Cette forme de jalousie a son utilité : elle nous alerte et nous permet de déterminer si nous avons des doutes concernant notre relation ou si nous nous y sentons en sécurité.

Lorsque la jalousie est totalement contrôlée, exprimée avec respect, elle peut devenir une expression de l'affection et de l'intérêt que l'on porte à l'autre.

1

Celui qui avait un rival réel

Une histoire, une situation

Depuis six ans, Valérie partage la vie d'Olivier. Ensemble, ils vivent une histoire sans nuages avec leurs enfants de deux et quatre ans. Mais depuis plusieurs semaines, des tensions sont apparues…

Valérie semble se rapprocher dangereusement

de Rémi, un collègue de travail très séducteur – et célibataire – qui lui fait les yeux doux. Des déjeuners qui se prolongent aux séances de sport qu'ils font ensemble, en passant par de longues promenades, seuls en forêt, Olivier s'est malheureusement bien rendu compte que sa dulcinée n'était pas insensible aux charmes du beau Rémi. Des soupçons confirmés, depuis qu'il les a vus par hasard s'embrasser dans une voiture ! À ce moment-là, il a eu l'impression que son cœur et sa vie se fissuraient, tant sa douleur était forte.

Il a dû se rendre à l'évidence, Valérie a un amant…

Il n'a pas osé lui en parler, mais il reste sous le choc de ce qu'il a vu. Il ne sait plus quoi faire pour ne pas la perdre, oscillant entre colère et tristesse.

Pour la première fois, il se sent jaloux, trahi, et surveille les allées et venues de sa compagne qui rentre de plus en plus tard sans la moindre explication, le laissant dans l'angoisse la plus totale…

C'est précisément dans ces moments-là,

lorsqu'il tente de la joindre des heures durant et qu'elle ne répond à aucun de ses appels, que la jalousie est la plus forte. Submergé par ce sentiment, il a des mots qui dépassent parfois sa pensée, et il devient difficile pour lui de garder son calme… Cerise sur le gâteau, cela fait des semaines qu'elle refuse de faire l'amour avec lui et passe ses nuits sur le canapé. Olivier est désemparé, et leurs discussions finissent toujours en disputes.

Mon diagnostic

Cette histoire est malheureusement assez classique, l'infidélité étant somme toute assez répandue dans nos contrées, et toujours douloureuse.

Valérie est tombée sur un séducteur en série irrésistible. Et elle n'a pas résisté. Devant cette situation, Olivier, qui n'est pas d'un naturel jaloux, le devient en réaction à la présence d'un danger – en l'occurrence, ici, le serial séducteur – qui met en péril sa relation avec Valérie.

Ici nous n'avons pas affaire à une jalousie

déclenchée par des fantasmes, mais bien par des faits avérés : il les a vus s'embrasser dans la voiture ! Olivier a donc constaté l'infidélité de Valérie et se retrouve confronté à un rival réel. Cette infidélité est très douloureuse à vivre pour lui, car elle met en danger son couple, sa vie de famille et son intimité. Elle se nourrit d'un sentiment de trahison, de « coup de canif » dans le contrat.

Cette trahison, ressentie et exprimée par sa jalousie, agit chez Olivier comme un signal d'alarme qui l'avertit d'un problème et créé une sensation de malaise.

Un intrus s'est immiscé dans le bonheur qu'ils avaient construit et peut à chaque instant tout flanquer par terre : il faut mettre en place un système de protection, la jalousie, qui pourra l'aider à ramener Valérie « à la raison » (et à la maison), tout en tenant à distance l'entreprenant Rémi.

Voir l'être aimé dans les bras d'une autre personne est toujours une situation très difficile et n'est jamais sans conséquences sur le comportement de celui qui en fait les frais. Pourtant, si l'infidélité est un accident souvent tragique, elle ne signifie pas automatiquement la fin du couple.

À savoir..................

La jalousie éprouvée par Olivier est ici tout à fait normale. Qu'une infidélité soit avérée ou non, il est toujours très douloureux de constater que la personne aimée éprouve une attirance pour quelqu'un d'autre.

C'est une jalousie « non pathologique », déclenchée par des faits non fantasmés : si l'un a des aventures extraconjugales, sauf s'ils se sont mis d'accord ensemble sur le sujet auparavant, comme le font certains couples assez libres, l'autre peut en souffrir et éprouver une jalousie grandissante sans être pour autant un « jaloux maladif ». La jalousie est, ici, un mélange de peur et de colère engendré par une douloureuse inquiétude face à un événement concret.

Le système d'alerte d'Olivier se met en place quand il sent son couple en danger. C'est une réaction saine qui fonctionne comme une sonnette d'alarme : lorsque l'autre semble montrer des signes d'intérêt réel, éprouver une attirance sexuelle envers une autre personne et entrer dans des jeux de séduction, cela déclenche un malaise chez celui qui se sent menacé.

C'est la peur de perdre sa place auprès de l'autre qui est à l'origine du malaise, et la jalousie qui en découle se met en place afin de protéger la relation et l'intimité sexuelle.

La jalousie liée à une infidélité est également due à une blessure narcissique : elle atteint l'amour, mais aussi l'amour-propre, l'ego (s'il-elle va voir ailleurs, c'est que je ne suis pas assez bien ?), une dépréciation de soi qu'il n'est pas toujours évident de surmonter.

Quand on est trompé, on ressent vivement la trahison : le lien de confiance et l'attachement amoureux sont violemment ébranlés.

C'est ce que j'appelle une « jalousie en réaction » à un événement, un besoin de « reprendre la main » sur une situation qui nous fait souffrir et qui nous échappe.

Même si on n'est pas d'un naturel jaloux, certaines situations peuvent faire naître ce sentiment.

Mes conseils

Même si dans cette situation la jalousie est normale, elle n'en reste pas moins un frein si on souhaite comprendre pourquoi on en est arrivé là, et comment sortir son couple de cette impasse.

Quand on traverse une crise grave dans sa relation amoureuse, il est important d'essayer de dépasser sa blessure égotique, ses peurs, ses angoisses et son ressentiment, qui ne font malheureusement que nourrir notre jalousie et nous empêchent de communiquer sainement.

Il est primordial, quand on a pris conscience de sa douleur, de faire part de sa souffrance à son partenaire en parlant de soi, de ce que l'on ressent, et non de l'« autre » : « Cette situation m'attriste » plutôt que « Tu te comportes très mal ». Une discussion basée sur les reproches ne fera en aucun cas avancer les choses !

Il faut essayer de dépassionner le débat pour exprimer son ressenti, établir une communication constructive dans le calme et le respect de l'autre, même si cela paraît insurmontable, tant il est difficile d'échapper à la rancœur. Et il faut se poser les questions essentielles : pourquoi cette aventure est-elle arrivée ? Est-elle née d'une insatisfaction dans le couple ? Il est nécessaire de s'attacher à connaître les raisons d'une telle crise conjugale pour essayer de lui trouver une solution.

Une infidélité peut aussi être l'occasion de faire le point sur la relation : le point sur soi, tout d'abord. Qu'est ce qui me dérange, sont-ce des faits, un ressenti ? Avec qui ou quoi je me sens en concurrence ? Suis-je satisfait de ma relation ? De quelle nature est mon impression d'insécurité : est-ce la peur de perdre mon couple, ma famille ? La peur de ne pas être capable de refaire ma vie si cette relation se terminait ?

Le point sur l'autre, ensuite. Mon partenaire me témoigne-t-il de l'amour ? Son attitude satisfait-elle mes besoins ? Après avoir fait l'état des lieux, s'impose alors une « mise au point ».

L'infidélité est, pour beaucoup de couples, considérée comme un coup de canif dans le contrat. Mais si l'amour est toujours là, doit-elle forcément mener à la mort du couple ? Pour certaines personnes, cette trahison peut être insurmontable, tant la souffrance provoquée aura été violente. C'est la séparation. Mais il faudra peut-être un jour réapprendre à faire confiance à un nouveau partenaire, qui lui, ne sera en rien responsable de ce que vous avez vécu par le passé…

Si, après cet épisode douloureux, vous décidez de continuer votre route ensemble, il va falloir poser les jalons de votre relation. Échanger sur ce que vous acceptez et ce qui n'est pas acceptable. Faire un pas de plus vers la communication et le respect de l'autre. Mais soyons honnêtes, la confiance aura été sérieusement ébranlée… et cette jalousie apparue soudainement continuera peut-être à vous empoisonner l'existence en remontant à la surface sans crier gare.

Si vous remettez sans cesse l'infidélité de votre partenaire sur le tapis, vous ne pourrez jamais prendre suffisamment de distance avec cet événement pour pouvoir l'oublier et récrire une nouvelle page de votre histoire.

Il arrive quelquefois que le « trahi » décide de rester, avec le but inconscient de « faire payer » à l'autre ses erreurs. Le couple n'a alors aucune chance de surmonter cette crise…

Donc, si vous choisissez de donner une seconde chance à votre couple, alors faites-le vraiment, en vous laissant le temps d'apprendre à faire confiance à nouveau.

Si vous subissez cette jalousie

Vous avez trompé votre conjoint, il le sait, et vous ne savez pas comment gérer cette crise ? Tout d'abord, il est très important de ne pas nier ni minimiser sa souffrance. Lui assener un « C'est bon, il y a des choses plus graves » ne fera que renforcer son mal-être… Il risque d'être encore plus blessé par votre déni. Si vous souhaitez apaiser les tensions, acceptez sa douleur et faites preuve d'empathie. S'il souffre, c'est parce qu'il a des sentiments pour vous.

Essayez de trouver les raisons de votre infidélité, ce qui n'allait pas dans votre couple pour que vous ressentiez le besoin d'aller vers quelqu'un d'autre. Que recherchiez-vous au travers de cette nouvelle relation ? Il vous faudra être sincère avec votre partenaire sur ce que vous éprouvez, et ne pas décider de rester uniquement par culpabilité.

Si vous souhaitez rester ensemble et donner une seconde chance à votre couple, vous devrez faire preuve de patience. Il faudra du temps à votre partenaire pour surmonter ses blessures…

Il faudra ensuite que vous envisagiez ensemble de quelle manière vous pourriez l'aider à se sentir plus rassuré, tout en faisant attention à ne pas tomber dans l'excès inverse. Vous justifier en permanence de tous vos agissements risque d'entretenir votre culpabilité et de fausser vos rapports.

☺ *À faire.......................*

• Essayez d'établir une communication constructive et sincère, pour dépassionner le débat.

• Essayez, ensemble, de comprendre ce qui a mené à cette crise.

• Dites à l'autre votre souffrance, votre ressenti.

• Parlez de vous et non de l'autre.

• Cherchez les causes pour trouver les solutions : cette infidélité résulte-t-elle d'une insatisfaction dans le couple ? Si oui, laquelle ?

• Posez-vous la bonne question : pensez-vous pouvoir surmonter cette trahison et pardonner ?

• Laissez-vous le temps d'apprendre à faire confiance à nouveau.

• Si vous décidez de donner une seconde chance à votre couple, alors faites-le vraiment.

• Décidez ensemble de ce qui est acceptable et de ce qui ne l'est pas.

• Déterminez ensemble les actions nécessaires à la satisfaction des besoins de chacun.

• Acceptez votre souffrance, elle s'estompera avec le temps (si, si, vous verrez !).

☹ *À éviter*......................

• Ne parlez pas sous le coup de la colère.

• Ne soyez pas en permanence dans le reproche, cela ne ferait qu'envenimer la situation.

• Ne restez pas en couple pour « faire payer l'autre ».

• Ne remettez pas l'infidélité sur le tapis à chaque dispute et ne l'utilisez pas comme moyen de pression sur l'autre.

• Évitez de vouloir aller trop vite et acceptez qu'il faille du temps pour surmonter cette crise.

2

Celle qui avait un compagnon qui ne s'engageait pas

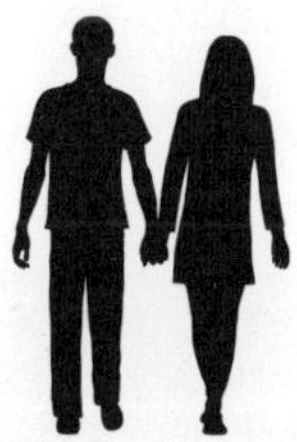

Une histoire, une situation

Après quatre ans d'une relation restée au point mort, Jeff, quarante et un ans, ne souhaite toujours pas passer à la vitesse supérieure et s'engager avec Émilie. Divorcé de sa première femme depuis cinq ans et papa de trois enfants, il lui promet depuis plusieurs mois qu'ils vont s'installer très bientôt ensemble, se marier. Pourtant, rien ne semble jamais se profiler à l'horizon… Émilie attend désespérément, mais Jeff a toujours une bonne excuse pour reculer : il doit changer de voiture, il a trop de travail, bref, ce n'est jamais le bon moment…

En faisant le point sur la situation, Émilie se rend bien compte qu'elle le voit assez rarement. Il sort beaucoup, seul de son côté avec ses copains et ses très nombreuses copines célibataires ; et le peu de temps qu'elle passe avec lui, c'est surtout pour l'aider à s'occuper de ses enfants les week-ends où il en a la garde ! Il lui arrive même de sortir et de la laisser seule avec les petits !

Combien de fois Émilie a-t-elle renoncé à des dîners avec ses amis parce que Jeff lui promettait qu'il passerait la voir, avant d'annuler deux fois sur trois… Émilie en est arrivée à mettre sa vie sociale entre parenthèses pour pouvoir rester disponible au cas où il déciderait de passer chez elle. Elle ne vit plus qu'en fonction de Jeff.

Elle ne supporte plus cette situation et se

montre de plus en plus irritable et jalouse des filles qui tournent autour de lui. Elle a l'impression que c'est peut-être de leur faute s'il ne veut pas s'engager, d'autant plus qu'elle ne connaît pas vraiment la nature de leurs relations. Émilie ne les supporte plus et sent son angoisse monter dès qu'elle sait qu'il va passer la soirée avec l'une d'elles : mal au ventre, stress et larmes... Cette jalousie est plus forte qu'elle et commence à prendre le pas sur tout le reste...

Émilie a l'impression d'être une nounou et une aide-ménagère plutôt qu'une compagne. De donner beaucoup et de recevoir peu en retour. Elle a de plus en plus de mal à contenir sa rancœur qui, face à l'indifférence de Jeff, se transforme en une jalousie et une agressivité croissantes. Elle exerce une pression constante sur lui en espérant qu'il finira par changer, mais leur relation est de plus en plus tendue et Jeff se montre chaque jour plus distant.

Émilie ne se reconnaît plus, elle d'ordinaire si douce et si calme...

Mon diagnostic

Là aussi, nous avons affaire à une jalousie « normale », c'est à dire qu'elle est déclenchée par une insécurité due au manque d'engagement flagrant de Jeff dans leur relation de couple.

Émilie n'arrive pas à trouver une place épanouissante dans la vie de Jeff, car il ne lui consacre que très peu de temps, tant il préfère faire la bringue avec ses amis jusqu'au bout de la nuit. En attendant, il lui promet monts et merveilles, mais elle se rend bien compte que cette relation ne lui apporte pas ce qu'elle souhaiterait.

Il semble bien que Jeff et Émilie n'ont ni les mêmes envies ni les mêmes attentes quant à leur couple, ce qui est très frustrant pour la jeune femme. Émilie, très amoureuse, souhaite s'installer avec Jeff et construire une vie de famille ; mais, malgré ses belles promesses, celui-ci ne semble pas avoir les mêmes aspirations.

Elle se sent un peu comme la cinquième

roue du carrosse – qui, soyons honnêtes, ressemble plus à une citrouille –, reléguée à un rôle d'aide-ménagère et de baby-sitter, une situation plutôt humiliante pour elle. Elle attend depuis longtemps que la situation s'arrange, mais en vain.

Elle en vient à sérieusement douter de l'amour de Jeff, ce qui génère chez elle malaise, colère et tristesse. Elle a l'impression d'avoir été très patiente et compréhensive, et aujourd'hui elle est submergée par une colère qu'elle ne maîtrise pas. Très amoureuse de Jeff, elle n'est pourtant pas aussi épanouie qu'elle souhaiterait l'être.

La jalousie qui la dévore peu à peu est une sorte de « radar » qui l'informe qu'elle n'est pas en confiance dans son couple.

À savoir…………………

Paradoxalement, de nombreuses personnes choisissent des partenaires qui peuvent exacerber leur jalousie. Afin de nourrir leur estime de soi, elles se mettent en couple avec un partenaire attrayant, voire séducteur, inconsciemment persuadées qu'elles parviendront à le faire changer, et seront suffisamment « aimables » pour qu'il abandonne un comportement qui leur déplaît tant…

En face, certaines personnes ayant subi un échec sentimental comme une rupture ou un divorce peuvent, en réaction, fuir tout engagement amoureux dès qu'il revêt un caractère trop sérieux. Par peur de revivre la même souffrance, elles préfèrent se tenir à distance et s'investir le moins possible dans la relation. C'est ce qu'on appelle parfois avec humour le syndrome de « la corde au cou » ! Cette peur de l'un peut faire naître l'angoisse, et donc la jalousie, chez l'autre.

Dans notre histoire, Émilie semble déployer une énergie colossale pour essayer de construire une relation digne de ce nom, alors que Jeff ne paraît absolument pas en demande. Il fait comme bon lui semble et décide seul si, oui ou non, il souhaite passer du temps avec elle, qui de son côté finit par se retrouver à bout de souffle.

La jalousie l'envahit, et c'est tout à fait

normal : elle intervient en réaction à son insécurité affective. Il s'agit là encore d'un signal d'alarme à ne pas négliger, qui la prévient que la situation n'est pas satisfaisante.

Jusque-là, Émilie s'était accommodée tant bien que mal de la situation, mais elle semble avoir atteint son seuil de tolérance. Elle essaie désespérément de se faire entendre de Jeff, mais ce dernier semble sourd à ses demandes.

Lorsque, dans la relation amoureuse, nos besoins sont insatisfaits, une frustration peut se développer et se transformer en jalousie.

☞ *Mes conseils*..................

Comment réagir quand on est confronté à la jalousie provoquée par un manque d'engagement, donc à la non-satisfaction de nos besoins ? Comment maîtriser sa jalousie, sentiment tout à fait normal si on est confronté à un partenaire qui panique et fuit dès qu'on lui parle de lendemains ?

Si vous choisissez de poursuivre, voici

quelques conseils pour essayer de contenir ce sentiment qui vous envahit.

Efforcez-vous de diminuer les enjeux et les attentes, pour vivre cette relation avec le plus de légèreté et le moins de souffrance possible. Prenez ce qu'il y a à prendre, profitez des bons moments et ne vous interdisez pas de vivre en restant dans l'attente. Cette attente est souvent très anxiogène et vous plonge dans une douloureuse solitude.

Sortez, amusez-vous et profitez de votre temps libre pour mener des activités qui vous font du bien – voir des amis, prendre soin de vous, tant il est vrai qu'on n'est jamais si bien servi que par soi-même. Cela vous permettra d'exercer moins de pression sur votre couple, et peut-être de rencontrer une personne qui comblera mieux vos désirs, qui sait ? Enfin, passer vos soirées et vos week-ends seule à la maison, à attendre désespérément l'être aimé en vous morfondant, ne vous aidera pas à vous sentir bien dans votre peau.

Enfin, le fait que votre compagnon ignore tout de vos activités pourrait titiller son ego et lui donner le sentiment que vous ne lui êtes pas acquise, que vous pouvez lui échapper, et susciter chez lui un regain d'intérêt pour vous. Ce ne sera pas le cas si vous restez à attendre toutes les nuits qu'il daigne vous accorder un peu de sa présence.

N'essayez pas non plus de devenir son ou sa psy : donner un sens à ce qui vous paraît incompréhensible et vous fait souffrir, analyser les raisons de chacun de ses actes revient à chercher des causes logiques aux attitudes pas vraiment logiques de l'autre. Ce n'est pas votre rôle. Vous n'avez pas à prendre ses problèmes à bras-le-corps, vous n'êtes pas son médecin mais sa compagne, et c'est très différent !

Si vous trouvez toujours des excuses à son comportement, vous ne lui permettrez pas de changer : vous ne ferez que le conforter dans ses agissements, donc lui donner raison de poursuivre… et ce n'est certainement pas ce que vous souhaitez !

Si toutefois vous aviez envie de vous comporter en « maman » avec lui, sachez qu'il n'aura pas, en réponse, d'autre possibilité que de se comporter comme un enfant, rebelle de préférence, et que votre relation en sera très déséquilibrée.

Il est très important que vous puissiez reprendre le contrôle de votre propre vie : rien n'est pire que ce sentiment d'impuissance généré par le fait que l'autre, et lui seul, dirige la relation.

Ne le laissez pas décider de vos rendez-vous, vous aussi avez votre vie et n'êtes pas à sa disposition. Autorisez-vous à ne pas être disponible quand cela l'arrange.

Soyez ferme sur vos besoins essentiels : de quoi avez-vous réellement besoin pour vous sentir bien dans une relation amoureuse ? Il y a un strict minimum que vous devez établir avec clarté.

Se respecter soi-même pour que l'autre puisse vous respecter aussi, c'est veiller à ce que ses besoins essentiels soient assouvis. Le respect de l'autre ne doit jamais vous faire oublier le respect de vous-même.

Alors, soyez ferme sur ce qui est acceptable ou non pour vous. Et si l'autre ne semble pas en tenir compte, inutile de jouer les prolongations !

Si vous subissez cette jalousie

Vous avez du mal à vous engager dans votre relation et cela fait naître un sentiment de jalousie chez votre partenaire. Tout d'abord, interrogez-vous sur les raisons de vos difficultés à vous engager.

Est-ce dû à la faiblesse de votre sentiment pour votre partenaire ? À un traumatisme lié à des expériences passées ? Que représente le couple pour vous ? Un arrangement domestique, une histoire douloureuse, un piège qui vous met la corde au cou ?

C'est à vous de faire ce travail sur vous-même, afin de savoir ce que vous attendez d'une relation à deux. Quand vous aurez compris les raisons de votre comportement, il vous faudra savoir quelle place occupe votre compagne ou votre compagnon dans votre vie : jugez-vous cette situation épanouissante pour vous et votre partenaire ?

Si vous donnez déjà le maximum de ce qui est possible pour vous, soyez sincère et honnête avec l'autre, afin qu'il puisse décider en connaissance de cause de poursuivre ou non cette relation. Ne donnez surtout pas à votre compagne ou compagnon de faux espoirs, cela ne ferait qu'attiser encore plus son malaise, donc sa jalousie.

☺ *À faire*.......................

- Diminuez les enjeux de cette relation, afin de ne pas vous mettre trop de pression.
- Pensez à votre bien-être, prenez soin de vous-même, utilisez votre temps libre pour avoir des activités agréables et optimisez votre vie sociale.
- Soyez à l'écoute de vos besoins : cette relation les comble-t-elle ?
- Reprenez le contrôle de votre vie et décidez par vous-même.
- Autorisez-vous à ne pas être disponible systématiquement.
- Respectez-vous afin que l'autre vous respecte aussi.
- Soyez ferme sur ce que vous êtes prêt à accepter et parlez-en avec votre compagnon.
- Si votre insécurité affective perdure

malgré tout, n'hésitez pas à mettre fin à la relation.

☹ ***À éviter...........................***

- Ne mettez pas de pression trop forte sur vous-même, sur lui ou sur votre relation.
- Ne vous interdisez pas de vivre en restant dans l'attente.
- Ne soyez pas à sa disposition en permanence, ne vous morfondez pas en restant à la maison.
- Ne devenez pas sa « psy », ce n'est pas votre rôle.
- Ne lui trouvez pas systématiquement des excuses, cela ne l'encouragerait pas à changer.
- Ne vous comportez pas comme une maman envers lui, votre relation en serait très déséquilibrée.
- Ne le laissez pas contrôler votre relation et votre vie.
- Ne persévérez pas dans cette relation si son attitude n'évolue pas vers une situation satisfaisante pour vous.

3

Celui dont le comportement avait changé

Une histoire, une situation

Déjà dix ans qu'ils sont mariés !

Charlotte et Laurent ont une vie bien remplie, entre leurs trois enfants et leurs jobs respectifs, mais ils ont toujours réussi à préserver leur couple en étant très complices et en se ménageant des moments à deux.

Ils ont toujours eu une confiance totale l'un en l'autre, ce qui leur a permis d'avoir chacun leur petite bulle d'activités, de sorties et d'amis en dehors du couple, sans que cela pose le moindre problème.

Pourtant depuis quelque temps, Laurent ne reconnaît plus Charlotte. Elle vient d'avoir quarante ans et se passionne subitement pour des choses qui ne l'avaient jamais intéressée jusqu'à maintenant. Il pense que son épouse fait une « crise de la quarantaine » et qu'elle pourrait à tout instant tout envoyer balader !

En outre, et c'est le plus déstabilisant pour Laurent, elle ne l'appelle plus de la journée, ne prend même plus le temps de répondre à ses SMS et n'a plus aucun moment de complicité avec lui ! Pour enfoncer le clou, elle vient de lui annoncer qu'elle avait envie de partir en vacances seule de son côté ! Pour la première fois en dix ans, Laurent se demande si Charlotte a toujours des sentiments pour lui.

Il ne parvient pas à dialoguer avec sa compagne sans lui reprocher son comportement. Pourtant, il essaie vraiment de comprendre, mais son extrême inquiétude le rend très méfiant et jaloux… ce qui éloigne encore plus Charlotte.

Il peine à contenir son agacement et sa colère face à tant de distance, et ses crises de jalousie deviennent de plus en plus fréquentes !

Mon diagnostic

Malgré leurs dix années de vie commune et leur équilibre amoureux, Laurent est complètement déstabilisé par le changement soudain de Charlotte. Cette nouvelle distance imposée par son épouse, sans qu'il parvienne à en comprendre les raisons, remet en question leurs habitudes et crée une jalousie et un stress inédits chez Laurent. Cette peur de perdre l'être aimé, à l'origine de la jalousie, est synonyme ici de tristesse, d'anxiété, de peur liée à une insécurité nouvelle. Laurent a tout à coup l'impression que sa vie peut basculer, car il a perdu ses repères. Son couple semble fragilisé par l'attitude nouvelle de son épouse. La complicité et l'osmose qui caractérisaient leur relation ne semblent plus aujourd'hui qu'un souvenir…

La jalousie qu'il éprouve est un signal d'alarme : il lui indique que quelque chose ne se passe pas comme d'habitude, qu'il doit être vigilant face à cet équilibre vacillant.

À savoir…………………

Habituellement, la jalousie se manifeste rapidement au début d'une relation. Si elle survient après de nombreuses années de vie commune, c'est qu'il y a eu un ou plusieurs éléments déclencheurs, et ils peuvent être de différentes natures : infidélité, manque d'engagement, distance, changement de comportement… Ils ont en revanche souvent les mêmes conséquences, un stress ou une angoisse, qui seront à l'origine de la jalousie.

La relation entre Laurent et Charlotte semblait jusqu'à présent très épanouissante pour chacun d'eux, mais que la jeune femme ait changé dans l'expression de ses sentiments et dans ses attentions envers son compagnon vient tout remettre en question.

Ici, la jalousie se manifeste parce qu'une menace pèse sur la relation intime. Elle contribue à mettre tout en œuvre pour la maintenir. Sa fonction est la même que pour la plupart de nos émotions : nous renseigner sur nos besoins insatisfaits. Elle nous permet de veiller sur nos intérêts, afin de garder notre place privilégiée auprès de l'être aimé.

☞ *Mes conseils* ....

Pour comprendre ce sentiment nouveau, la jalousie, il est nécessaire d'identifier l'élément déclencheur qui a créé ce malaise, donc cette jalousie en vous. Il convient ensuite de se poser quelques questions : qu'est-ce qui me dérange, en faisant la part des choses entre faits et impressions ? Quel est mon besoin insatisfait ? Ma partenaire m'accorde-t-elle encore de l'importance, même si c'est différemment ?

Quand on a réussi à décrypter la situation de son point de vue, il faut entamer un dialogue avec l'autre. Les attentes et les besoins de chacun par rapport au couple ont pu évoluer, demandant que chacun soit à l'écoute de son partenaire. Tout le monde a le droit de changer et d'avoir par moments envie de choses différentes, nouvelles, surtout si on est en couple depuis longtemps. Cela ne signifie pas forcément que la relation doit s'arrêter, mais peut-être faut-il trouver un nouvel élan, un nouvel équilibre dans lequel chacun sera de nouveau épanoui. Il revient à chacun de se montrer honnête et sincère sur ses attentes pour vivifier la relation et favoriser le rapprochement. Et il faut communiquer pour trouver des solutions communes lorsqu'il y a des insatisfactions.

De nombreux couples ont des hauts et des bas, et ceux qui arrivent à dialoguer dans le calme et le respect de l'autre sont souvent ceux qui perdurent le plus. Une relation n'est jamais linéaire : elle évolue dans le temps et selon les circonstances, ce qu'il faut apprendre aussi à accepter.

Si les changements sont trop difficiles à vivre pour l'autre partenaire, il faut d'abord penser à soi et à son bonheur, sans rester dans une relation dans laquelle on ne pourrait pas être heureux, car nos attentes et nos besoins ne seront jamais satisfaits.

Si vous subissez cette jalousie

Après plusieurs années de vie commune, vous avez envie que votre relation évolue vers plus de souplesse et de liberté.

Verbalisez ces envies auprès de votre partenaire, afin qu'il comprenne les raisons de ces changements et ne les prenne pas pour du désamour.

Mettez-vous à sa place et envisagez qu'il-elle puisse être surpris(e) par ces changements et qu'il-elle ait besoin de temps pour s'y habituer.

N'imposez pas vos choix mais discutez-en ensemble, afin que rien ne soit imposé en force : cela générerait de la frustration chez l'autre.

Essayez de trouver ensemble les solutions les plus épanouissantes pour vous deux.

Si vous n'avez plus de sentiments pour votre partenaire et que c'est la raison de vos envies nouvelles, soyez sincère. Le respect dans le couple est important aussi au moment où l'histoire s'arrête.

☺ *À faire.......................*

- Analysez ce qui génère cette sensation de malaise.
- Quels en sont les éléments déclencheurs ?
- Quels besoins affectifs chez moi sont frustrés par cette situation ?
- Décryptez les besoins et les attentes de chacun dans le couple.
- Cherchez ensemble des solutions communes.
- Soyez à l'écoute de votre partenaire pour essayer de comprendre son changement de comportement.
- Faites le point à deux pour trouver une nouvelle dynamique, prenant en compte les envies de chacun dans la mesure du possible.

☹ *À éviter.....................*

- Ne réagissez pas sous l'emprise de la colère.

• Ne soyez pas dans le reproche permanent.

• Ne vous fermez pas au dialogue.

• N'envisagez pas le changement comme une épreuve pour le couple, mais essayez de faire en sorte qu'il soit plutôt un nouvel élan pour votre relation.

• Si ces changements ne peuvent définitivement pas combler vos besoins affectifs, ne persistez pas dans la relation.

2

La jalousie possessive

On l'appelle aussi la « jalousie hypervigilance ». La jalousie possessive, c'est la peur que l'autre cesse de nous aimer, ou pire, qu'il se mette à aimer quelqu'un d'autre et nous abandonne !

Cette jalousie réactive une peur de l'abandon remontant souvent à l'enfance, chaque fois que notre amoureux se montre un peu plus distant. Souvent hypersensibles ou anxieux, ces jaloux possessifs réclament sans cesse des preuves d'amour et guettent chaque signe qu'ils interprètent immanquablement comme du désamour : « Et s'il cessait de m'aimer ? », « Et s'il rencontrait mieux ? », « Et s'il se rendait compte que je ne suis pas celle ou celui qu'il attend ? »

Toutes ces angoisses, le jaloux possessif va essayer de les maîtriser en mettant en place une vigilance extrême. Mais cette vigilance renforcera son manque de confiance en lui-même, en lui donnant l'impression fausse de « garder la main » sur son couple, et par-là même de maîtriser la situation.

Cette forme de jalousie trouve sa source dans la dépendance affective (notre bonheur dépend de l'autre) et naît du désir d'exclusivité de la personne aimée (l'autre ne doit aimer que nous). Elle crée toujours un climat de tension et de suspicion et se renforce quand le jaloux projette sur son mari ou sa femme son manque d'assurance et sa peur d'être abandonné(e). C'est cette peur de l'abandon par son partenaire qui va nourrir et développer sa jalousie.

On entend souvent des personnes définir leur jalousie comme une démonstration d'amour envers le partenaire. Soyons clairs : la jalousie possessive n'est pas une preuve d'amour pour notre partenaire, mais uniquement, ici, un manque d'amour pour soi-même. Une personne dévorée par une jalousie possessive traîne un manque de confiance en soi et s'imagine qu'on la quittera pour une autre. Elle considérera immanquablement que les « autres » représentent une menace pour la stabilité de son couple.

Certains expliquent aussi que la jalousie leur permet de se protéger des infidélités de leur partenaire. Malheureusement, ils se trompent. Cette jalousie possessive amène une foule d'interrogations, de suspicions, et la surveillance de l'autre.

Autant de comportements qui risquent plutôt de rebuter notre partenaire, peut-être même de le pousser dans les bras d'une autre personne, tant il est oppressant d'entretenir une relation amoureuse avec un jaloux…

4

Celui qui devait être le seul centre d'intérêt de l'autre

Une histoire, une situation

Régis est très amoureux de son épouse, Noémie. Ils forment un couple assez fusionnel et partagent quasiment tout. Régis n'a jamais aimé que Noémie ait ses propres activités en dehors de leur couple, car il ne comprend pas qu'elle puisse avoir envie ou besoin de faire des choses sans lui.

Il a l'impression qu'elle l'aime moins, qu'il ne suffit pas à son bonheur.

Noémie aimerait de temps en temps sortir dîner ou boire un verre avec ses amies. Régis ne le lui interdit pas, mais cela semble lui causer tellement de peine et d'inquiétude qu'elle a laissé tomber, tant elle culpabilise. Et puis, elle sait qu'en rentrant elle va subir un interrogatoire et elle préfère avoir la paix.

Quand ils sont séparés, Régis a toujours peur qu'il arrive quelque chose à Noémie, un accident de voiture, une agression… Il ne cesse de l'appeler. Lorsqu'il arrive à Noémie de passer de bons moments sans Régis, il en vient à se demander si elle ne préfère pas être sans lui. Alors, il ne peut s'empêcher d'être désagréable, de lui faire des reproches, afin de gâcher un peu les instants sympas qu'elle pourrait passer avec ses amies : « Tu vas encore dans cet endroit minable », « Tu sors à nouveau avec ces personnes sans intérêt » : bref, tout est bon pour lui faire comprendre qu'il est agacé et jaloux.

Enfin, il critique régulièrement l'entourage de Noémie, sans comprendre qu'elle ait besoin d'entretenir des relations d'amitié en dehors de leur couple alors qu'ils n'ont, selon lui, besoin de personne : ils sont si bien tous les deux !

Cette situation devient, au fil du temps, de plus en plus pesante pour Noémie qui aimerait voir ses amis sans que cela pose de problème à Régis, et avoir un petit jardin secret pour s'épanouir aussi en dehors de leur relation.

Mon diagnostic

Nous sommes ici face à une jalousie possessive, souvent liée à une relation fusionnelle. On a besoin de fusionner avec l'autre, afin qu'il ne s'en aille pas : si on ne fait qu'un, l'autre ne peut pas nous quitter.

Pour surmonter sa peur de l'abandon, Régis plonge dans la dépendance affective. Dépendance dans laquelle il aura sans cesse besoin de l'être aimé et se sentira mal chaque fois qu'il en sera séparé. Ce besoin de fusion est la conséquence de sa peur panique de l'abandon.

Cette peur de l'abandon, parfois nommée « abandonnite », est si présente qu'il tente de mettre tout en œuvre pour s'assurer que l'autre ne va pas la quitter. Il en arrive à adopter un comportement étouffant difficile à vivre pour sa partenaire, et qui pourrait finir par mettre leur couple en péril.

Régis, insidieusement, essaie de limiter la vie sociale de Noémie en la culpabilisant. Noémie, de son côté, choisit de se priver de plus en plus de certains plaisirs innocents, pour éviter d'alimenter la jalousie de Régis.

Cette stratégie ne semble pas vraiment porter ses fruits, puisque Régis devient, malgré tout, de plus en plus suspicieux. Les amis de même sexe ou du sexe opposé, l'environnement professionnel ou toute activité sociale sont aujourd'hui susceptibles de déclencher la jalousie de Régis.

L'« enfermement » de Noémie, la réduction de son champ de liberté semblent les seules solutions dans l'esprit de Régis, tant il est persuadé de ne pas pouvoir rivaliser si Noémie rencontrait quelqu'un d'autre.

À savoir........................

Le problème principal de cette situation tient à la peur de l'abandon.

Pour contrôler cette peur, le jaloux se raccroche à une conception fusionnelle du couple : « Sans l'autre je ne suis rien, donc sans moi l'autre ne doit pas exister non plus. »

Cette angoisse fait souvent écho à une situation de séparation mal vécue pendant l'enfance ou à une rupture sentimentale très douloureuse : un père absent, une mère débordée, l'arrivée du petit dernier, des parents fusionnels, le décès d'un grand-parent... À l'origine, il y a toujours un abandon vécu, même si cela peut quelquefois reposer sur des faits imaginaires – car il n'est pas toujours possible de déterminer s'il y a réellement eu abandon dans la petite enfance. Parfois, l'enfant pense avoir vécu une situation d'abandon et garde cette souffrance en lui, alors que les « faits », étaient imaginaires.

Les causes peuvent être très nombreuses mais produisent toujours les mêmes effets, allant du petit serrement au cœur à l'anxiété, la dépression ou l'agressivité. Ce syndrome va souvent de pair avec une intolérance à la solitude, une peur maladive d'être quitté, une grande vulnérabilité lors des ruptures amoureuses.

Cette jalousie est une réaction inconsciente mise en place par le cerveau pour détecter une situation douloureuse déjà expérimentée, et s'en protéger.

Ce syndrome de l'abandon est une émotion perturbante pour soi-même comme pour les autres. C'est la crainte de se sentir rejeté à nouveau, donc indigne d'être aimé. Le sentiment déjà vécu dans le passé est réactivé quand on subit un nouvel abandon que l'on associe aux autres rejets vécus, qu'ils soient réels ou non. Il se peut que la situation d'abandon soit purement imaginaire. Cette crainte s'accompagne souvent d'anxiété, de souffrance, de conduites inadaptées ; elle est régulièrement synonyme de jalousie.

Le couple est souvent le lieu des règlements de comptes avec notre enfance ou notre histoire. Nous projetons sur l'autre les angoisses du passé... La personne qui souffre facilement d'un sentiment d'abandon aura l'impression d'être mise à l'écart dès que son partenaire voudra mener des activités personnelles. Elle se sent alors dévalorisée et indigne de son amour.

Si notre partenaire tombe malade et risque de mourir, nous avons peur de le perdre, nous sommes tristes et angoissés, mais nous ne sommes pas jaloux. Pour qu'il y ait jalousie, il faut donc qu'interviennent une ou plusieurs personnes extérieures concurrentes, parfois fantasmées.

C'est pourquoi une personne jalouse fait souvent confiance à son partenaire, mais jamais aux « autres » qui « rôdent » autour... Elle s'imagine alors que sa compagne ou son compagnon n'a aucun choix... que ce sera « l'autre » qui séduira l'être aimé si vulnérable. Or c'est bien le partenaire qui choisit de rentrer ou non dans le jeu de la séduction. Le partenaire n'est pas un territoire qu'il faut protéger des autres : chacun est capable de prendre ses décisions sur ses actions, quand il fait face au choix d'être fidèle ou infidèle ! Nous n'avons aucun contrôle sur les autres et cela inclut le partenaire.

Si on ne peut pas faire confiance à son amoureux(se) à ce sujet, il faut d'abord s'interroger soi-même : pourquoi est-ce si compliqué pour moi de faire confiance ? Suis-je dérangé par des impressions ou par des faits ? Quelle est mon insécurité ou mon angoisse ? Cela fait-il écho à une situation de perte déjà vécue par le passé ?

Une personne exclusive, très agrippée à son partenaire, va souvent exprimer, en même temps qu'une forte jalousie, la peur d'être abandonnée, trompée ou trahie. Cela peut rendre la relation amoureuse de plus en plus désagréable, voire pénible. Lorsqu'un individu souffre de la peur de l'abandon, il se sous-estime, pense ne pas être à la hauteur. Il devient donc évident pour lui que l'autre va forcément trouver mieux, et il ressent le besoin de se cramponner encore un peu plus, pour éviter que cela se produise.

Comment ne pas avoir envie de s'éloigner d'un partenaire qui nous étouffe et nous harcèle de questions ?

Plus la personne jalouse manque de confiance en soi et souffre d'insécurité, plus elle cherche à devenir fusionnelle... et fait ainsi fuir son ou sa partenaire, qui lui exprimera de moins en moins souvent son amour... que, de toute façon, la personne jalouse mettra en doute.

Une personne en manque d'estime de soi ou en insécurité sur le plan émotionnel manifeste sa jalousie vis-à-vis de toutes les formes d'amitiés vécues par son partenaire, et deviendra jalouse de tout – ce qui fait qu'on lui prêtera moins d'attention.

Comme tout jaloux possessif, Régis va vouloir s'accrocher à sa partenaire et éprouvera une terrible jalousie si elle accorde un peu d'attention à une autre personne. C'est ce que l'on appelle justement le « syndrome d'agrippement ».

Il arrive fréquemment que la personne

souffrant du syndrome de l'abandon précipite elle-même la rupture, inconsciemment, afin de ne pas être abandonnée. « On abandonne pour ne pas être abandonné » : paradoxal mais efficace !

☞ *Mes conseils*..................

Pour éviter cette jalousie possessive, il importe d'apprendre à se connaître et à identifier ses besoins et ses blessures, passées ou présentes.

Une jalousie déclenchée par la peur de l'abandon plonge le jaloux dans une insécurité affective. Il vit dans l'angoisse permanente de se sentir rejeté, en perpétuelle demande d'affection pour combler cette peur.

Il est donc très important d'essayer de comprendre d'où vient cette peur. En trouver l'origine et la cause est l'un des meilleurs moyens de réussir à s'en libérer. Ce travail n'est pas forcément facile, car on a souvent tendance à essayer d'effacer mentalement une blessure, à l'occulter plutôt qu'à s'efforcer à y faire face.

Si vous ne voyez pas quel élément a pu déclencher cette angoisse, replongez-vous dans votre passé, posez des questions à votre famille.

Ensuite, pour vous en libérer, il vous faudra accepter cette peur sans culpabiliser, sans condamner l'autre, ou les autres, pour la blessure d'abandon que vous avez subie.

Vous n'en êtes pas responsable, mais cela fait partie de vous et de votre histoire. Cela ne signifie pas pour autant que ce que vous avez ressenti par le passé a sa place aujourd'hui dans votre relation amoureuse. Ni que votre partenaire en a une quelconque responsabilité. Pourtant, vous en faites peser le poids sur lui.

La jalousie est ici activée par l'« enfant abandonné » que vous avez été, et non par l'adulte responsable que vous êtes aujourd'hui. C'est l'enfant en vous qui s'exprime, par le caprice, l'excuse, la colère, le chantage… dans le but d'obtenir ce qu'il désire !

Il va être très important de bien différencier

les deux. Il va falloir apprendre à aimer cet enfant intérieur, à le rassurer afin de le libérer de ses émotions négatives et réductrices.

Essayez de vous dissocier de votre couple : il y a soi, l'autre, et le couple. Trois entités bien distinctes, donc : le couple n'est pas un monstre à deux têtes. Cet état d'esprit peut justement pousser l'autre à sortir de ce schéma, donc à aller voir ailleurs s'il peut respirer.

Essayer de comprendre pourquoi cette peur existe aide à améliorer son estime de soi, à développer sa confiance. Apprendre à gérer ses émotions, arrêter de chercher des indices qui alimentent la jalousie, observer les marques d'amour que votre partenaire vous témoigne vous permettra d'envisager la relation de manière plus sereine et de vous défaire de cette jalousie si pesante…

Si vous subissez cette jalousie

Le partenaire d'une personne jalouse ne doit surtout pas chercher à la convaincre qu'elle a tort d'être jalouse.

Il ne faut pas se justifier constamment (on entre alors dans le jeu de l'autre, ce qui lui donne du pouvoir).

De même, il ne faut pas changer ses comportements s'ils sont sains.

Enfin, il faut refuser de prendre la responsabilité de ce qui ne nous appartient pas, et de prendre en charge l'insécurité et le manque de confiance en soi du partenaire jaloux.

☺ *À faire.* ....

• Reconnaissez votre souffrance et votre jalousie.

• Trouvez la cause de la peur de l'abandon.

• Demandez-vous de quel abandon il s'agit. Est-il réel ou imaginaire ?

• Quelle est son origine ?

• Cette peur, après identification, est-elle rationnelle ou irrationnelle dans la situation présente ?

• Identifier le problème et sa cause permet de s'en libérer.

• Pardonnez aux autres pour vos souffrances du passé, et pardonnez à vous-même.

- Défaites-vous de votre culpabilité.
- Confiez votre détresse intérieure à des personnes qui ne vous jugeront pas.
- Exprimez vos émotions.
- Reconnaissez vos manques en vous écoutant mieux.
- Plongez-vous dans des activités personnelles épanouissantes, en dehors du couple.
- Observez les marques d'amour que votre partenaire vous montre.
- Trouvez d'autres sources de bonheur et de plaisir, prenez soin de vous pour vous aimer plus.
- Si vous n'êtes pas capable de composer avec votre colère ou votre forte anxiété, n'hésitez pas à consulter un spécialiste.
- Admettez votre jalousie.
- Reconnaissez votre colère.

☹ *À éviter*....................

- Évitez d'adopter un comportement étouffant vis-à-vis de votre partenaire.
- Ne monopolisez pas l'autre pour l'isoler de son réseau social.

- Ne culpabilisez pas l'autre lorsqu'il mène des activités en dehors du couple.
- N'interprétez pas des relations amicales extérieures comme un rejet à votre égard.
- N'envisagez pas le monde extérieur comme une menace pour votre couple.
- Évitez de vouloir contrôler l'autre ou de faire pression sur lui.
- Évitez de tomber dans le piège de la relation fusionnelle.
- Ne faites pas porter à l'autre le poids d'un abandon vécu par le passé.
- Arrêtez de chercher des indices pour alimenter votre jalousie.

5
Celui qui avait de trop fortes attentes sur son couple et recourait au chantage affectif

Une histoire, une situation

Belinda partage la vie de Marc depuis bientôt deux ans. Lui dirige un restaurant, elle s'occupe du secrétariat. Leur établissement a du succès, car Marc est très doué pour le relationnel. Il passe du temps à discuter avec les clients, cela fait partie de son job. Seul problème : Belinda se montre de plus en plus jalouse. La jeune femme, peu sûre d'elle, a de plus en plus de difficulté à se contenir. Quand Marc parle avec des femmes, elle intervient systématiquement. Belinda a même demandé à Marc de l'embrasser chaque fois qu'elle le rejoint lors de ces discussions d'après repas. Elle se montre souvent assez désagréable avec la clientèle féminine, qu'elle voit toujours d'un mauvais œil, et ne peut s'empêcher de faire des scènes quand ils se retrouvent tous les deux. Dès qu'une femme passe la porte du restaurant, elle la scrute et si celle-ci est plutôt séduisante, Belinda ne peut réprimer son stress.

Ayant besoin d'être rassurée en permanence par son compagnon, ce qui devient de plus en plus problématique, elle ne parvient plus à maîtriser son angoisse, allant même jusqu'à demander à Marc de ne plus parler aux femmes, ce qui est évidemment irréaliste !

Elle essaie de lui imposer des règles grotesques : ne pas faire la bise, ne pas être trop sympathique ou souriant, ne pas aller faire le tour des tables quand les femmes ne sont pas accompagnées par des hommes. Marc ne sait plus à quel saint se vouer… Elle menace de le quitter à chaque crise. Elles sont de plus en plus fréquentes et violentes, et Belinda se justifie à grand renfort de « Si je suis jalouse, c'est parce que je t'aime et que je tiens à toi ». Marc, lui, oscille entre céder à ses demandes pour avoir la paix, ou se rebeller au risque d'avoir droit à une scène de ménage au beau milieu du service !

Pour lui, la situation est devenue très compliquée à vivre. Il est surveillé, sous pression, et se sent mal à l'aise quand des jeunes femmes entrent dans son restaurant. Il pense même à le vendre pour retrouver une certaine sérénité dans sa vie amoureuse.

Mon diagnostic

Nous avons ici affaire à un problème d'insécurité affective. Belinda a un besoin constant d'être aimée, car elle n'arrive pas à s'aimer suffisamment elle-même. Cette insécurité affective provoque chez elle souffrance et frustration. Pour limiter sa détresse, elle exprime sa possessivité par des menaces. Elle cherche auprès de Marc l'assurance qui lui manque, ce qui la met en position d'attente permanente.

La jeune femme a de très fortes attentes vis-à-vis de son couple et de son compagnon, qui doit sans cesse la rassurer sur les sentiments qu'il éprouve pour elle. Cette forte dépendance amoureuse est liée à sa conviction que son bonheur ne dépend que de Marc, qu'il ne lui appartient plus alors qu'il est devenu un moyen de combler un vide en elle.

Le fait de trouver en l'autre quelque chose qui nous comble temporairement n'est pas de l'amour, mais de la dépendance. Et celle-ci conduit à maintenir la relation par peur de perdre l'autre, et non par amour pour lui.

Belinda fait preuve d'une émotivité trop forte, elle ressent ses émotions de façon exacerbée. Elle est persuadée de ne pas avoir en elle les ressources nécessaires pour se faire confiance et souffre de cette situation, mais elle fait également souffrir Marc. Le stress généré par son manque de confiance en elle, en se transformant en jalousie, rejaillit sur son couple.

À savoir......................

Certaines personnes attendent de leur partenaire qu'il comble tous leurs besoins et attentes, le plus souvent pour satisfaire un « manque intérieur ». Il s'agit ici de dépendance affective, du désir de posséder l'autre. Mais une exigence si forte peut rapidement mener à une frustration tout aussi intense. En effet, si l'on est entièrement dépendant de l'autre pour être heureux, on est forcément très frustrés dès que notre partenaire ne répond pas à toutes nos exigences.

Quand le jaloux possessif parvient à trouver une personne qui répond à ses exigences d'amour, il en vient à épuiser les ressources de son partenaire, car il en demande toujours plus. L'autre devient alors responsable de sa souffrance, puisqu'il était seul responsable de son bonheur. Si on manque d'estime envers soi, ce n'est pas au partenaire de pallier ce manque.

Le jaloux n'a naturellement pas confiance en son partenaire. Il vit avec la crainte constante que celui-ci se rende compte qu'il peut trouver mieux ailleurs. Il n'a donc d'autre choix que d'imposer des œillères à son compagnon, et de veiller à ce que personne ne s'en approche et qu'il n'approche personne : je suis une victime, l'autre est mon bourreau. Certains expliqueront que leur jalousie leur permet de se protéger des infidélités de leur partenaire. Encore une fois, rien n'est plus éloigné de la vérité !

La jalousie induit des interrogatoires, des soupçons injustifiés, une surveillance constante. Et le jaloux tente toujours de rendre l'autre responsable de ses souffrances et de la détérioration de la relation. Son inconfort est converti en colère, en désir de contrôler l'autre. Et de tels comportements ont plutôt tendance à éloigner l'autre, tant il est pénible de subir une pression si forte et de se plier à des règles si rigides. La jalousie crée justement ce que le jaloux redoute le plus : l'éloignement, et éventuellement la perte, du partenaire.

La dépendance cesse seulement quand on

se donne à soi-même ce que l'on cherche tant chez l'autre.

☞ Mes conseils...................

Le désir de possession est souvent l'un des composants de l'amour ; mais quand il est central et permanent, ce n'est plus d'amour qu'il s'agit mais de peur. C'est ne pouvoir aimer l'autre qu'à portée de main ou de regard.

Dans cette volonté de maintenir une emprise sur l'autre, se cache souvent un état de dépendance amoureuse dû à une insécurité affective. Peut-être avez-vous l'impression que vous ne pouvez vous réaliser qu'à travers l'autre. Il faut apprendre à vous épanouir seul(e). Le meilleur remède ? Prendre conscience de vos qualités et les développer.

Travaillez votre confiance en vous : vous êtes à la hauteur de l'amour qu'il ou elle vous porte. Vous êtes digne de l'affection reçue, vous méritez de la garder.

Apprenez à prendre un peu de recul par

rapport à votre couple : si la relation se termine, ça ne signifie pas la fin de votre vie amoureuse, vous serez certainement aimé d'une autre personne.

Si vous avez l'habitude d'exercer une trop grande pression sur votre partenaire, il est temps de reprendre confiance en votre relation, à moins de vouloir la détruire.

Apprenez à être factuel : parler avec quelqu'un signifie-t-il qu'on souhaite avoir une relation intime avec cette personne ? Apprenez à dédramatiser les situations et à garder votre calme.

Si les attentes deviennent trop fortes, trop irréalistes, et les règles trop rigides, la relation ne peut plus être épanouissante pour personne.

Quelles sont nos attentes concernant l'exclusivité de notre couple, et quelles sont les limites que l'on ne souhaite pas voir franchies ? Les limites que nous souhaitons poser sont-elles réalistes ?

Laissez-vous le temps de faire « redescendre » vos émotions, afin de ne pas réagir sous leur emprise et qu'elles ne vous empêchent pas d'adopter une attitude saine.

Il est important aussi de vous focaliser sur les preuves d'amour que vous donne votre partenaire, et non sur ce qui attise votre jalousie. Évitez à tout prix de sombrer dans le chantage affectif (« Si tu fais ou ne fais pas telle chose, je te quitte ») ; il ne fera qu'amplifier le malaise dans votre couple.

Dans le cas contraire, sachez que vous pousserez l'autre vers la sortie, ou dans les bras d'une personne moins possessive.

La jalousie possessive est rarement un problème de couple, elle est souvent liée à une problématique personnelle.

Si vous subissez cette jalousie

La jalousie prendra moins d'ampleur si le partenaire n'en est pas complice.

Le partenaire du jaloux doit refuser d'être coupable quand il ne l'est pas.

Le compagnon du jaloux ne doit pas rentrer dans le jeu de son partenaire.

Il ne faut pas céder aux demandes irréalistes du jaloux.

Ne lui rendez pas de comptes sur ce que

vous faites, mais rassurez-le en expliquant que ce n'est pas parce que vous gardez votre espace personnel que vous l'aimez moins.

☺ À faire........................

• Admettez votre jalousie.

• Avouez cette jalousie à votre partenaire, afin qu'il puisse vous aider.

• Mettez-vous dans la peau de votre « victime » : cette approche vous permettra peut-être de prendre conscience de votre comportement excessif.

• Le jaloux doit chercher en lui les motifs personnels de sa jalousie, car c'est cette démarche d'introspection qui lui permettra de comprendre quels sont ses besoins insatisfaits. Elle va favoriser une meilleure compréhension de soi et de ses comportements parfois inadaptés, et permettre de reconnaître sa responsabilité dans les problèmes rencontrés par le couple.

• Identifiez l'origine des pensées négatives qui vous assaillent : sont-elles issues de l'enfance, du rapport avec votre mère, avec vos frères et sœurs ?

• Réfléchissez à votre colère, afin d'éviter l'escalade de réactions.

☹ **À éviter** ....

• Ne dialoguez pas sur le vif, c'est la meilleure façon de mal s'exprimer.

• Ne vous focalisez pas sur ce qui déclenche la jalousie.

• Ne vous sentez pas dévalorisé par rapport à d'autres personnes.

• Ne posez pas de règles irréalistes.

• N'ayez pas d'attentes trop fortes vis-à-vis de votre partenaire.

• N'essayez pas dc contrôler l'autre par la menace ou le chantage affectif.

• Ne cherchez pas à l'extérieur ce qui vous manque à l'intérieur.

• Ayez conscience quand vous en demandez trop à votre partenaire.

• Ne soyez pas dans le reproche permanent : cela finirait par faire fuir votre partenaire.

6

Celui qui avait besoin de contrôler l'autre

Une histoire, une situation

Caroline, vingt neuf ans, et Sylvain, trente-deux ans, vivent ensemble depuis un an. Non seulement Caroline est une très jolie femme, mais, très coquette, elle a toujours accordé une attention particulière à son apparence, ce qui jusque-là séduisait beaucoup Sylvain.

Mais depuis quelques mois, l'attitude de Sylvain semble avoir radicalement changé. Lui qui, au début de leur relation, était si fier de partager la vie d'une femme aussi séduisante a commencé à développer une jalousie de plus en plus difficile à vivre pour Caroline.

Tout a débuté par de petites réflexions relativement anodines, parfois sur un ton humoristique : « Pourquoi as-tu mis du rouge à lèvres ? », « Tu vas attraper froid avec une jupe aussi courte ». Bientôt, Sylvain a imposé une surveillance accrue.

Il a demandé à Caroline l'accès à ses e-mails, à son smartphone, à son compte Facebook et a même souhaité qu'elle prenne de la distance avec ses amies de longue date, estimant qu'elles exerçaient une mauvaise influence sur elle.

Puis les remarques de Sylvain sont devenues désobligeantes et même oppressantes : « Descends ta jupe, elle est trop courte c'est vulgaire », « Tu cherches à séduire qui avec ce décolleté ? », « Tu ressembles à une prostituée comme ça ! »... à tel point que Caroline, pour éviter tout conflit, a fini par ne plus porter que les vêtements « autorisés » par Sylvain.

Il a menacé de la quitter si elle ne supprimait pas ses profils sur les réseaux sociaux. Et elle l'a fait pour limiter les crises de Sylvain.

Malgré cela, il continue à lui faire des scènes lorsqu'elle porte du rouge à lèvres ou des talons hauts, l'accusant de vouloir séduire ses collègues de travail.

Il vient même la chercher à son bureau, afin de s'assurer qu'aucun homme ne tente de l'approcher.

Caroline, très amoureuse de Sylvain, n'envisage pas de rencontrer un autre homme : elle s'évertue à rassurer son compagnon, allant jusqu'à céder à ses demandes et le laissant exercer sur elle un contrôle de plus en plus étouffant. Malgré tout, la jalousie de Sylvain est de plus en plus oppressante. Rien ne semble pouvoir le rassurer…

Mon diagnostic

Encore un exemple typique de jalousie possessive ! Par peur et manque de confiance en lui, Sylvain ne maîtrise plus ses émotions et tente, pour calmer son angoisse, d'exercer un contrôle abusif sur Caroline en utilisant la privation de liberté, la dévalorisation et l'agressivité.

On voit ici que l'amour s'est transformé en désir de posséder l'autre : l'idée de perdre Caroline suscite chez Sylvain une telle angoisse qu'il met en place un système de protection visant à contrôler les moindres faits et gestes de sa compagne, pour tenter de se rassurer. Il se persuade que « s'il surveille tout, rien ne pourra arriver ».

Le fait que Caroline puisse être courtisée par un autre homme représente pour Sylvain une menace insurmontable. Il va donc tenter de la contrôler, de l'isoler et de la rendre moins séduisante afin d'éviter ce risque. Cette forme de violence psychologique ressemble beaucoup à une prise d'otage.

Contrairement aux apparences, Sylvain a un vrai déficit de confiance en lui, peut-être dû à un manque d'attention de ses parents, à une ancienne compagne infidèle, etc. Ce manque d'estime de soi le fragilise et l'empêche d'avoir confiance en Caroline : « Je ne suis pas à la hauteur, donc il est logique qu'elle soit attirée par d'autres. »

La dévalorisation qu'il fait subir à sa compagne ainsi que son agressivité et sa colère lui donnent l'illusion fugace de maîtriser la situation, d'avoir le pouvoir. Caroline, elle, pense calmer le jeu en cédant à ses demandes toujours plus oppressantes, mais rien n'y fait. Sylvain, de son côté, ne reconnaît absolument pas avoir un problème de jalousie ; il s'estime même victime des provocations de Caroline et du monde extérieur.

À savoir.......................

La panique se manifeste dès que l'on a l'impression de ne plus contrôler l'autre. Quand le jaloux possessif perd (croit perdre) son ascendant, il se sent menacé. Il perçoit sa jalousie comme une preuve d'amour, sans en voir le côté destructeur. Le contrôle abusif et la colère lui donnent l'impression de maîtriser son partenaire.

La dévalorisation de l'autre est aussi

une arme redoutable, utilisée pour pallier le manque d'estime de soi. Cela peut devenir une forme de harcèlement, conséquence d'une peur de l'abandon, du rejet.

Pour éviter de perdre l'être aimé, donc de souffrir, le jaloux possessif met en place son système de protection en régissant la vie de son partenaire comme il l'entend. Cette volonté de s'approprier son partenaire est tout simplement inacceptable. Un tel comportement vise à empêcher l'autre de vivre comme il le souhaite. Une privation de liberté pure et simple.

Il est ici question de confiance. De confiance en son partenaire, mais surtout de confiance en soi-même. Contrôler son partenaire n'est pas une marque d'amour, mais une forme de violence exercée à son encontre. Une violence d'autant plus difficile à cerner qu'elle est psychologique, souvent assez sournoise. La possessivité gangrène insidieusement le couple, elle devient un obstacle à son épanouissement. Il est inacceptable de vouloir décider de l'apparence, du comportement ou de la vie sociale de l'autre. Cette possessivité est toxique et aboutit souvent à la destruction du couple. On veut posséder l'autre pour avoir la garantie qu'il répondra à jamais à notre amour : le couple devient alors une prison.

Vivre avec un partenaire jaloux possessif peut se révéler extrêmement pesant au quotidien, car cette possessivité isole du monde extérieur : aucun autre regard ne doit se poser sur le partenaire, ses relations amicales ou professionnelles doivent être limitées…

Aimer, ce n'est pas ne faire qu'un, c'est s'épanouir à deux.

☞ *Mes conseils*…………………

Il est inacceptable de vouloir contrôler l'autre. C'est une atteinte à sa liberté, à sa personne. Une forme de violence psychologique. Chacun a droit à sa part d'intimité : ce n'est pas parce que l'on vit ensemble qu'il faut tout se dire ! D'autant que garder un jardin secret est très important pour l'équilibre d'un couple.

Vous n'avez aucunement le droit d'épier

son téléphone, son ordinateur et ses contacts. Il faut absolument combattre votre espionnite aiguë, surtout que la peur n'évite jamais le danger…

Censurer les tenues ou l'apparence de votre partenaire est tout aussi inacceptable. C'est, là encore, une privation de liberté. L'autre ne cherche ni à vous provoquer ni à séduire. Puisque vous ne pouvez empêcher les regards admiratifs, voyez le côté positif et soyez flatté de faire des envieux.

Sachez que traquer une personne ne l'empêchera jamais de vous tromper, si elle le souhaite vraiment.

Décider de faire confiance est un choix. Décider de ne plus réagir avec colère aussi ! Apprenez à relativiser et à dialoguer avec calme, dans le respect de l'autre.

Restez maître de votre bonheur : si celui-ci dépend exclusivement de votre partenaire, cela tourne à la dépendance affective. L'autre devient alors votre oxygène, mais aussi votre pire ennemi. Réfléchissez aussi à votre jalousie et à ses conséquences sur votre couple. Choisissez d'autres moyens que la crise pour communiquer, en développant votre autonomie affective : l'autre n'est pas la seule et unique condition de votre bonheur.

Reconnaissez enfin que vous avez un problème de jalousie, en rétablissant une communication ouverte, en exprimant franchement vos peurs et ce qui déclenche votre anxiété. Votre angoisse d'aujourd'hui est-elle la conséquence d'événements passés ? Dialoguez calmement avec votre partenaire, vous devez partager vos sentiments et vos malaises.

Si vous subissez cette jalousie

Mentalement et physiquement, gardez un espace personnel indépendant de votre conjoint.

Sachez dire non et poser des limites au jaloux possessif.

Ne cédez pas à ses demandes de contrôle abusives.

Ne vous justifiez pas constamment ; c'est rentrer dans le jeu de l'autre et lui donner du pouvoir.

Ne changez pas de comportement s'il est sain. Ce n'est pas à vous de vous remettre en question.

Ne répondez pas à l'agressivité par l'agressivité.

Soyez tolérant quand votre partenaire cherche à vous déstabiliser et voit le mal partout. Dites-vous qu'il est sous l'emprise de la jalousie.

Aidez-le à améliorer son estime personnelle pour qu'il retrouve une image positive de lui-même : compliments, encouragements, témoignages de fierté…

Revalorisez votre relation (dîners en tête à tête, jeux de séduction) afin de raviver la flamme et de l'aider à reprendre confiance dans votre couple.

☺ *À faire*........................

• Respectez le jardin secret et l'intimité de votre partenaire.

• Communiquez avec calme et écoutez vraiment ce que l'autre a à vous dire.

• Réfléchissez à votre jalousie et à ce qui la déclenche.

• Parlez ensemble de vos sentiments et de vos malaises, afin de trouver des solutions qui vous conviennent à tous les deux.

• Choisissez de faire confiance, même si cela vous semble difficile au début. C'est un travail à faire sur vous, une nouvelle habitude à prendre.

☹ ***À éviter*** ....

• Ne « fliquez » pas l'autre, ne pratiquez pas l'hypervigilance : pas de surveillance des e-mails, du téléphone, etc.

• Ne choisissez pas à la place votre partenaire : il-elle s'habille comme il-elle le souhaite, reste libre de ses fréquentations...

• Ne cherchez pas à l'isoler socialement.

• Ne l'étouffez pas par des attentions excessives.

• N'ayez pas recours à la violence psychologique (dévalorisation, crise, menace, agressivité...) pour dominer ou posséder la personne qui partage votre vie.

7

Celui qui idéalisait l'autre

Une histoire, une situation

Chrystèle et Alex s'aiment depuis quatre ans. Chrystèle a une telle admiration pour son compagnon qu'elle a tendance à le mettre sur un piédestal. Il représente pour elle l'homme parfait, et elle se sent terriblement chanceuse d'avoir « décroché le gros lot ». À ses yeux, il ne peut être comparé aux autres, tant il leur est bien supérieur. Au point qu'elle est persuadée que toutes les femmes rêvent d'être avec lui, ce qui la rend très méfiante et jalouse de l'entourage de son amoureux.

Dès qu'ils sont séparés, Chrystèle panique : elle s'imagine que toutes les filles viennent tourner autour d'Alex, et cela crée chez elle une irrépressible angoisse.

Elle le presse de questions, veut savoir combien de temps il a passé en réunion avec telle ou telle collègue. Il est si parfait que sans lui la vie de Chrystèle n'aurait plus aucune saveur. Elle est à la fois si fière de se promener à son bras... et si stressée qu'il croise le regard de passantes plus jolies qu'elle. Elle ne se sent pas assez sûre d'elle pour pouvoir rivaliser avec d'autres et redoute qu'Alex se rende compte qu'elle a moins de valeur que les autres filles.

Il faut savoir que Chrystèle est une jolie jeune femme, mais qu'elle a été complexée par des problèmes de poids pendant son adolescence. Elle a, encore maintenant, du mal à se trouver séduisante.

Mon diagnostic

Nous voici dans le cas de figure typique de l'idéalisation.

Ce qui pose problème ici, c'est l'idéalisation excessive : Chrystèle se retrouve totalement dépendante d'Alex. Sans lui, elle ne se sent plus exister.

Alex devient une sorte de viatique qui va l'aider à se réparer, à trouver un remède à tous ses maux. S'il lui échappe, toute son identité en sera réduite en poussière.

Mais le problème pour Chrystèle, c'est qu'Alex est si merveilleux, si extraordinaire qu'elle en vient à penser que tout le monde le désire. Et puisqu'il est si parfait, Chrystèle pense bien sûr qu'il mérite beaucoup mieux qu'elle.

À partir de là, elle commence à éprouver de la méfiance vis-à-vis de toutes les personnes susceptibles d'approcher l'être idéalisé.

Chrystèle souffre d'un déficit d'estime de soi qui la fragilise dans son couple et ne lui permet pas d'avoir suffisamment confiance en elle-même pour être rassurée sur la pérennité de sa relation.

À savoir........................

Ah ! la passion, le prince charmant... S'il existe un domaine où l'idéalisation bat son plein, c'est bien l'amour ! Dès le début de notre vie amoureuse, nous fonctionnons avec des représentations idéales de l'homme ou de la femme, et nous construisons nos recherches autour de ces mythes.

Lorsque le couple est installé, le degré d'idéalisation passe par différentes phases. Plus élevé au début de la relation, il se stabilise après quelques mois. Si on échoue à trouver un équilibre, peut naître une idéalisation excessive.

Souvent liée à une dévalorisation de soi, l'idéalisation excessive est elle aussi source de jalousie. Quand on ne parvient à s'estimer qu'au travers du regard de son partenaire, ce dernier devient le centre du monde autour duquel tout gravite. Une telle vision renvoie à la relation initiale où le nourrisson ne voit qu'au travers de sa mère. Il s'agit souvent de personnes vulnérables ou immatures.

Cette idéalisation amène à une certitude : puisque le partenaire a tant de valeur à nos yeux et que notre bonheur dépend de lui, il ne peut qu'être désiré par tous les autres. Et la méfiance vis-à-vis de toutes les personnes susceptibles de l'approcher s'intensifie.

Le partenaire est donc investi de qualités qu'il ne possède pas forcément, et considéré comme un modèle de perfection absolue auquel le jaloux prête en fait toutes les qualités dont il se croit lui-même dépourvu.

Cette phase classique d'idéalisation dure en général quelques mois, avant un « retour à la normale » où l'on apprend à connaître et aimer l'autre tel qu'il est réellement. Mais il arrive que cette idéalisation perdure chez l'un des partenaires, qui voit en l'être aimé idéalisé le seul capable de combler ses désirs et ses manques. La personne incapable de compter sur elle seule pour s'aimer pense alors ne jamais pouvoir vivre sans le partenaire idéalisé.

Ne se sentant pas suffisamment « aimable », elle va donc chercher amour et reconnaissance chez son compagnon. Cette idéalisation amoureuse est une tendance chez les personnes qui ont été carencées affectivement dans leur passé. Leur « idéal » doit les combler comme ils ne l'ont jamais été… Une demande impossible à satisfaire !

☞ *Mes conseils*……………………

Dans un cas d'idéalisation excessive comme celui-ci, il est important que le jaloux prenne du recul pour essayer de replacer les choses dans leur contexte. Commencez par essayer de comprendre d'où vient ce manque d'estime de soi qui est la cause de la jalousie. Pour Chrystèle, il s'agit de complexes tenaces liés à l'adolescence, mais parfois il faudra approfondir les recherches pour trouver la ou les réponses. Identifier le déclencheur de la jalousie peut permettre d'avancer à grands pas dans la connaissance de soi-même.

Une fois la problématique identifiée, il faut

sortir de l'idéalisation excessive pour revenir à la normale et déterminer les qualités et les défauts (il y en a forcément !) du partenaire, afin d'être objectif et de voir l'autre tel qu'il est et non tel qu'on se l'imagine.

Si vous êtes en couple, cela signifie qu'il vous a choisi(e) et qu'il a envie de partager sa vie avec vous, et non avec quelqu'un d'autre.

Lorsque vous avez besoin de vous rassurer, demandez-lui quelles sont les raisons qui l'ont fait tomber amoureux de vous. Ce qu'il-elle aime chez vous.

Le meilleur conseil ? Travailler votre estime personnelle, apprendre à vous aimer. Accordez-vous du temps et adonnez-vous à des activités qui vous font du bien. Identifiez les domaines dans lesquels vous êtes performant : il est prouvé que pratiquer régulièrement une activité dans laquelle on est bon et où on prend du plaisir a un énorme impact sur la confiance en soi.

Quand vous aurez repris confiance en vous, vous verrez que, naturellement, un équilibre nouveau se dessinera dans votre couple. Vous ne serez plus dans l'attente de ce que votre partenaire peut vous apporter, mais dans le partage et la construction. Vous remarquerez que les autres ne représentent pas une menace pour votre couple, car vous avez, aux yeux de votre compagnon, plus de valeur que quiconque.

Le but ? Surtout, ne plus avoir besoin d'aller chercher chez l'être aimé les ressources que, sans le savoir, vous avez en vous, pour être épanoui.

Enfin, apprenez à vivre des moments de bonheur sans votre partenaire, pour sortir de la dépendance et de l'idéalisation.

Si vous subissez cette jalousie

Si votre partenaire vous idéalise de manière excessive, ne rentrez pas dans son jeu afin de ne pas favoriser sa dépendance.

Faites des choses sans lui, ou elle, pour garder votre indépendance.

Rassurez votre compagne ou compagnon, mais pas de manière excessive, c'est-à-dire sans vous justifier sans cesse sur ce que vous faites. Dire à son partenaire qu'on l'aime et s'interdire d'avoir son espace personnel sont deux choses tout à fait différentes.

Ne cédez pas à toutes ses demandes.

Ne modifiez pas votre comportement s'il est sain.

☺ *À faire*......................

• Admettez que vous avez un problème de jalousie.

• Révisez vos attentes par rapport à votre couple.

• Analysez les causes de votre manque de confiance en vous.

• Soyez objectif vis-à-vis de votre partenaire, il a forcément des défauts !

• Listez vos qualités et reconnaissez-les.

• Prenez du recul sur la situation.

• Apprenez à vous épanouir sans votre partenaire.

• Travaillez votre estime personnelle en pratiquant des activités qui vous épanouissent et vous redonnent confiance.

• Prenez du temps pour vous seul(e).

• Pratiquez seul(e) des activités qui vous font du bien.

☹ ***À éviter***.......................

• Ne comptez pas sur l'autre pour vous sentir bien.

• Ne mettez pas trop de pression sur votre partenaire.

• Ne vous dévalorisez pas.

• Ne soyez pas suspicieux.

• Ne considérez pas les autres comme des rivaux.

8

Celui qui avait envie de relations extraconjugales

Une histoire, une situation

Julia est mariée à Michel depuis un an.

Michel, représentant de commerce, est en déplacement loin de la maison deux jours par semaine. Il lui est arrivé par deux fois d'avoir une aventure d'un soir. Mais Julia ne l'a pas su. Depuis ses infidélités, il est devenu très jaloux, imaginant que Julia aussi a des amants quand il s'absente. Cette idée l'angoisse terriblement et a fait naître en lui une jalousie irrépressible.

Dès qu'il est en déplacement, son angoisse prend le dessus et il devient très suspicieux : il enchaîne les coups de fil et les SMS, appelle Julia par Skype pour vérifier qu'il n'y a pas d'autre homme à la maison. Et, quand il rentre, il contrôle tout, du sol au plafond, mais ne parvient pas pour autant à se rassurer.

Julia ne comprend pas que Michel ne lui fasse pas confiance, et elle se sent oppressée quand il la harcèle d'appels et de messages pour la surveiller.

Cette situation devient de plus en plus pesante pour Julia et elle ne sait plus que faire pour rassurer son compagnon.

Il enchaîne les crises quand il est absent, si bien que la jeune femme, à bout, a décidé de ne plus répondre à ses appels… Michel ne sait comment sortir de cette situation qui est en train de détruire leur couple.

Mon diagnostic

Depuis qu'il a trompé Julia, Michel se dit : « Si je l'ai fait, pourquoi pas elle ? » Il la soupçonne de pratiquer ce qu'il lui a lui-même infligé et voit la tromperie possible à chaque blanc dans son agenda !

Michel projette sur Julia ses propres désirs d'infidélité. Il se sent coupable et refoule sa culpabilité. Freud appelle cette jalousie la « jalousie de projection ».

Ce type de jalousie devient ici très envahissante pour le couple, car elle a de fortes répercussions sur le comportement de Michel.

Inconsciemment, cette façon d'agir lui permet de détourner l'attention de son infidélité réelle sur celle qu'il prête à Julia, et de « noyer le poisson ». Curieusement, il a une peur panique de la concurrence. Selon l'adage, il n'y a pas plus jaloux qu'un infidèle !

À savoir........................

La projection de nos propres envies sur l'autre peut être un élément déclencheur de jalousie. Certaines personnes concevant des fantasmes ou le désir d'aller voir ailleurs peuvent se persuader que l'autre a les mêmes aspirations…

Tout jaloux possède son propre désir d'aller voir ailleurs, mais, quand il ne peut l'assumer, il tyrannise son partenaire en lui prêtant ses propres intentions. D'ailleurs, les psychanalystes considèrent la jalousie comme « un désir inconscient de tromper l'autre ». Et parce que ce désir est insupportable, le jaloux s'en défend en l'attribuant à son partenaire.

Il l'imagine à son image et, au lieu de se remettre en question lui-même, il remet l'autre en question. Il s'agit souvent d'un mauvais passage de la phase œdipienne qui refait surface, avec notamment l'impression d'avoir été délaissé par un de ses parents.

Inconsciemment, la personne jalouse

nourrit sa plus grande peur, celle que son partenaire soit infidèle, alors que c'est elle-même qui fantasme. Ce type de jaloux passe son temps à se débarrasser de sa culpabilité en rejetant la faute sur son partenaire. La situation est plus facile à vivre si l'autre est le fautif.

Il préfère rester dans une position de victime, de celui (celle) qui souffre, plus simple à gérer que celle du bourreau, celui (celle) qui fait souffrir. Cette jalousie de projection permet d'inverser les rôles. Ce « jaloux infidèle » niera dans un premier temps ses pulsions, en affirmant que c'est son partenaire qui souhaite avoir des relations extraconjugales.

Mes conseils

Ce jaloux, ayant lui-même envie de relations extraconjugales, projette sa culpabilité sur son partenaire. Qu'il soit passé à l'acte ou que ses envies soient restées à l'état de fantasmes, sa réaction reste la même. Il est angoissé à l'idée que l'autre ait les mêmes aspirations que lui. En réaction à son angoisse qu'il refoule, il va harceler son partenaire de messages et de coups de téléphone, simplement pour vérifier s'il est bien là où il doit être, passant son temps à traquer des preuves de son infidélité potentielle.

Si vous êtes de ce type de jaloux, il convient tout d'abord d'analyser la situation. Qui dans le couple trompe l'autre, ou qui a des envies de relations extraconjugales ? Êtes-vous cette personne ?

Si vous avez eu des aventures, acceptez d'être celui qui a donné un coup de canif dans le contrat. Apprenez à gérer votre culpabilité sans la rejeter sur l'autre.

L'autre ne peut être le « bourreau » parce que vous refusez votre responsabilité.

Il est utile de s'interroger sur les raisons qui vous poussent à avoir envie de relations extraconjugales : quels besoins cherchez-vous à combler ? Êtes-vous heureux dans cette relation ? Avez-vous, par le passé, eu l'impression, réelle ou imaginaire, qu'un de vous parents vous mettait à l'écart ? Un remariage, l'arrivée d'un petit frère ou d'une petite sœur, une scolarité en pensionnat… de nombreuses situations peuvent engendrer un sentiment d'abandon.

Ouvrez le dialogue avec votre partenaire sur votre relation amoureuse. Est-elle épanouissante pour chacun ? Êtes-vous l'un et l'autre à l'écoute de vos besoins respectifs ? Avez-vous de vraies raisons d'être jaloux, ou ces raisons sont-elles purement imaginaires ? Avez-vous confiance en votre partenaire ?

Et gardez en tête que ce n'est pas parce que vous êtes infidèle, ou avez envie de l'être, que la personne qui partage votre vie l'est aussi.

Profitez de ce débat pour établir les fondements relationnels de votre couple. Qu'est-ce qui est acceptable ? Qu'est-ce qui ne l'est pas, pour vous, pour l'autre ?

Quand vous vous serez mis d'accord sur ces principes, à chacun ensuite de décider s'il souhaite les respecter ou non. C'est un choix personnel et l'on ne doit en aucun cas le faire payer à l'autre parce qu'on se sent coupable.

Si vous subissez cette jalousie

Surtout, ne changez rien à votre comportement. Refusez de vous plier à ses exigences, même si elles vous semblent parfois légitimes.

Expliquez-lui que si vous changez, vous ne serez plus la personne sociable et sympa dont il (elle) est tombé(e) amoureux.

Rassurez-le (-la) sur votre amour, mais en restant vous-même.

☺ À faire.......................

- Respectez votre partenaire.
- Identifiez les raisons qui vous poussent vers une relation extraconjugale.
- Faites le point sur votre relation. Est-elle satisfaisante ? Que souhaitez-vous aller chercher ailleurs, que vous ne trouvez pas dans votre couple ?
- Cette situation fait-elle écho à quelque chose que vous auriez pu vivre par le passé ? Avez-vous été le témoin d'une infidélité dans

votre famille ? Avez-vous été trompé dans une précédente relation ?

- Apprenez à gérer votre culpabilité.
- Acceptez que votre partenaire n'ait pas les mêmes envies que vous.
- Dialoguez avec votre compagne, ou compagnon, à propos de l'épanouissement de votre couple.
- Fixez les fondements relationnels de votre couple selon ce qui est acceptable ou non pour chacun de vous.

☹ **À éviter**.....................

- Ne projetez pas vos désirs d'infidélité sur l'autre.
- Ne rejetez pas votre culpabilité sur votre partenaire, il n'a pas à payer pour votre culpabilité.
- Ne harcelez pas votre compagne, ou compagnon, pour calmer vos angoisses.
- Ne faites pas d'amalgame : l'autre n'est pas vous.

3

La jalousie obsessionnelle

On parle de jalousie obsessionnelle quand la jalousie devient un cercle infernal destructeur, et que l'amour se transforme en haine…

La jalousie devient « pathologique » quand l'un des partenaires se montre régulièrement méfiant, intrusif, persécuteur, et qu'il imagine des choses qui ne sont même plus du domaine du possible mais du délire. Elle est souvent preuve d'une instabilité émotionnelle. Il faut donc être nuancé avant de qualifier une jalousie de « maladive ».

Tomber dans la jalousie maladive, c'est

entrer dans de grandes souffrances, qui plus est destructrices : c'est faire preuve d'une possessivité extrême où l'être aimé n'a souvent plus de libre arbitre. C'est l'exercice de la possession et du pouvoir. On a envie de détruire « l'infidèle », quitte à aller parfois jusqu'au crime passionnel ! On est également tenté de détruire ses rivaux, si bien qu'un sentiment qui devrait être beau se transforme en enfer quotidien. La relation d'amour se transforme en relation de haine.

La jalousie obsessionnelle relève d'une forme de paranoïa, et le paranoïaque n'a jamais tort : s'il est persuadé que son partenaire veut le tromper, rien ne pourra le faire changer d'avis.

Cette jalousie devient maladive et inquiétante, lorsqu'une personne est obnubilée en permanence par l'idée qu'elle est trompée ou qu'elle va forcément l'être. Elle traque alors désespérément tous les signes qui pourraient lui prouver qu'elle a raison, et confirmer sa conviction qu'elle est déjà trahie ou sur le point de l'être. Un climat de méfiance permanente s'installe et la vie de couple devient impossible…

La jalousie obsessionnelle s'accompagne souvent de violence dans les relations intimes. Ces violences sont un ensemble de comportements, d'actes, d'attitudes de l'un des partenaires, qui visent à contrôler et dominer l'autre : elles comprennent agressions, menaces ou contraintes verbales, physiques, sexuelles ou économiques répétées (certains hommes, jaloux pathologiques, recourent à ce procédé pour aliéner encore plus leur compagne, quand celle-ci est mère au foyer, par exemple, et ne dispose pas de revenus personnels). Ces violences peuvent avoir des répercussions non seulement sur la victime – le partenaire – mais aussi sur les autres membres de la famille, en particulier les enfants.

Mais cette jalousie maladive ne se manifeste pas du jour au lendemain, elle est le résultat d'une lente évolution.

Première étape : au début, la jalousie semble « normale » et pimente quelques disputes au sein du couple. Puis elle se fait de plus en plus oppressante.

Deuxième étape : les doutes sur la fidélité du partenaire prennent de plus en plus de place. On passe au stade supérieur, et la peur de l'abandon ainsi que le manque d'assurance du jaloux deviennent plus oppressants pour le partenaire. Les disputes sont alors de plus en plus fréquentes et violentes.

Troisième étape : la jalousie devient permanente. Espionnage, paranoïa, observation continuelle deviennent le fondement de la relation. La possessivité devient agressive, et de plus en plus oppressante pour l'autre. À tel point que son bien-être n'a bientôt plus aucune importance aux yeux du jaloux. Ce n'est alors plus de l'amour que l'on éprouve pour l'autre, mais de la haine.

9

Celui qui alimentait sa paranoïa

Une histoire, une situation

Diane et Yves sont en couple depuis deux ans maintenant. Si, au début, leur relation a été très intense et passionnelle, la situation semble s'être complètement dégradée.

Yves, au départ assez possessif, a lentement basculé vers une jalousie paranoïaque très difficile à vivre pour Diane. Il est persuadé que celle-ci, avec le concours de leur entourage, n'a qu'un but : le tromper.

Tout est devenu prétexte à des colères noires : le sourire lancé par le boulanger, le bonjour du facteur, un pantalon trop moulant ou un nouveau rouge à lèvres... Chaque petite chose du quotidien est une preuve que Diane lui est infidèle.

Dans ces moments-là, Yves perd tout contrôle et devient très agressif, voire violent. Il est capable de mettre la maison sens dessus dessous. La dernière fois, débitant un flot d'insultes ininterrompu, il a même jeté toutes les affaires de Diane par la fenêtre, en menaçant de se jeter lui aussi du balcon.

Diane essaie de lui faire entendre raison, mais rien n'y fait. Il est persuadé que son entourage est ligué contre lui et le méprise. Qu'il cherche à lui nuire en lui cachant les aventures extraconjugales de sa compagne. Dans la rue, chaque passant est un amant potentiel de Diane. Il s'est d'ailleurs déjà battu avec le voisin, persuadé qu'il avait une aventure avec elle. Depuis, il est sous le coup d'une main courante pour violence.

Pour Diane, la coupe est pleine ! Elle en arrive à avoir peur d'Yves et pense de plus en plus à rompre pour échapper à cette situation devenue invivable…

Mon diagnostic

Nous sommes ici confrontés à un vrai cas de jalousie maladive paranoïaque : elle est récurrente, se glisse insidieusement dans la plupart des situations anodines du quotidien et génère un excès d'agressivité et de violence, Yves ne parvenant plus à contrôler ses émotions. Tout élément peut soudain devenir une preuve de trahison à ses yeux. Il est habité par des pensées obsessionnelles compulsives qu'il est devenu incapable de maîtriser.

Perpétuellement susceptible et suspicieux, il peut se montrer très colérique, voire violent, au moindre signe extérieur attisant son insécurité affective. Comme tout paranoïaque, il est persuadé d'avoir raison contre le monde entier, avec l'impression qu'on se moque de lui et qu'on le méprise.

Cette paranoïa se nourrit d'un délire de persécution, de rejet, de désamour, et de déni... Pour Yves, Diane est devenue un ennemi potentiel, un être toxique et dangereux qui cache son intention de lui nuire ou de le tromper.

Même leur entourage est devenu à ses yeux une menace pour son couple. Il pense que tout le monde veut lui « voler » sa Diane.

Il se sent la victime d'un complot.

À savoir.......................

La jalousie obsessionnelle peut dégénérer en paranoïa, et la relation amoureuse est souvent le domaine de prédilection de cette jalousie paranoïaque.

Le jaloux entre dans une sorte de délire de persécution, et pense que son partenaire, qu'il considère comme son persécuteur, cherche à lui porter préjudice. Il a le sentiment permanent d'être victime d'une injustice.

Pour le partenaire de ce type de jaloux, la

vie peut rapidement devenir un enfer : il a beau multiplier les preuves de sa bonne foi, jamais l'autre ne le croit, et tout regard ou geste dirigé vers autrui peut être pris pour un signe de connivence. Tout devient une preuve de sa culpabilité. Bientôt, l'obsession paranoïaque prend le pas sur le sentiment amoureux.

Le jaloux paranoïaque pense qu'il est victime d'un complot, ou du mauvais sort qui s'acharne contre lui. Peu importe les preuves apportées. Persuadé de la malveillance et de l'infidélité de son partenaire, il sera impossible à raisonner.

Cette jalousie « délirante » se rencontre souvent, et tout particulièrement, chez des personnes souffrant d'instabilité émotionnelle ou de forte névrose.

En effet, les personnes fragiles émotionnellement – fort manque d'estime de soi, passé difficile, etc. – peuvent plus facilement que d'autres basculer dans cet état pathologique.

Cette forme extrême de jalousie peut entraîner des gestes destructeurs dus à la grande agressivité que le jaloux ne parvient pas à maîtriser. Il est habité par des pensées obsessionnelles compulsives de soupçon qu'il ne peut maîtriser. Et par un fort sentiment de persécution : l'autre et le monde qui l'entoure lui veulent forcément du mal.

Chez le jaloux paranoïaque, cet état n'est pas forcément permanent ; mais il est récurrent au point de devenir parfois quotidien : on assiste à de grandes scènes, déclenchées le plus souvent par des événements anodins.

Plusieurs éléments caractérisent la jalousie paranoïaque pathologique : elle est chronique, dure depuis plusieurs années, et s'accompagne souvent de gestes violents. Le jaloux maladif est persuadé qu'il est victime d'un mauvais sort ou qu'on s'acharne contre lui. Il imagine les pires scénarios et les situations les plus catastrophiques pour lui. Il est déjà persuadé de la culpabilité de l'être aimé, il est donc impossible de le raisonner.

Une personne jalouse paranoïaque n'a jamais tort, transforme sa jalousie en colère et en besoin viscéral de contrôler l'autre, ses activités, ses relations… En cédant à la violence et à la colère, le jaloux a l'impression de dominer l'autre.

Il peut être intéressant pour le jaloux maladif de se replonger dans son passé, la jalousie étant souvent une réminiscence amoureuse de la relation d'exclusivité que tout enfant voudrait entretenir avec sa mère.

Pendant l'enfance, le bébé apprend la séparation. Le « syndrome d'agrippement » à la maman est surmonté à mesure que l'enfant grandit et gagne en autonomie. Si ce détachement se fait mal, brutalement, ou ne se fait pas, il y a parfois des conséquences sur le comportement dans les relations amoureuses.

Quelles qu'en soient les causes, la jalousie paranoïaque plonge le jaloux dans un état émotif qu'il ne peut plus contrôler et envahit bientôt tout son quotidien comme celui de la personne qui partage sa vie. Cette jalousie est souvent la marque d'une forte insécurité affective, et c'est cette insécurité qu'il tente inconsciemment d'atténuer en mettant en place les mécanismes paranoïaques.

Cependant, même si la victime du jaloux finit par se couper du monde, il arrive que celui-ci devienne encore jaloux de ses pensées, et se dise : « Elle n'a pas l'air heureuse avec moi, elle pense forcément à quelqu'un d'autre. »

☞ *Mes conseils* ....

À partir de quel moment s'inquiéter ? À partir du moment où l'on en souffre et où l'on fait souffrir l'autre, quand la jalousie nous empêche de vivre normalement. Si on leur laisse libre cours, les différentes formes de jalousie pathologique en arrivent toujours à des extrémités, à l'agressivité et à la violence. Quand l'amour est remplacé par la haine de l'autre dont on doit se protéger, il faut s'interroger sérieusement.

Le jaloux paranoïaque doit essayer de rester factuel pour comprendre la situation de souffrance dans laquelle il a plongé son couple : son comportement est-il normal ? Lui arrive-t-il de perdre tout contrôle et de devenir très agressif ?

Pour comprendre cette jalousie paranoïaque et essayer de la maîtriser, il est important de noter régulièrement à quel rythme se manifestent ces crises de jalousie, et leur intensité. Par exemple, y a-t-il un ou des éléments identifiables susceptibles de déclencher la montée de ce stress ?

Cette forme de jalousie est déconnectée de la réalité. Délirante, elle ne se fonde pas sur des faits réels mais sur des faits fantasmés, créés de toute pièce par l'imaginaire du jaloux qui subit un dérèglement de la pensée dont il n'a pas conscience. C'est ce qu'on appelle aussi le « délire de jalousie » : il est intimement persuadé de ce qu'il avance et n'a pas conscience d'avoir des troubles.

Il faudra donc aider le jaloux paranoïaque à rationaliser ses doutes, afin de le remettre en phase avec la réalité.

Ce type de jalousie n'est pas évident à appréhender, car le traitement repose souvent sur un accompagnement psychothérapeutique que le malade accepte rarement de suivre, puisqu'il est persuadé de n'être atteint d'aucun trouble, d'être une victime, et que le fait de devoir se soigner fait partie du complot.

Si vous subissez cette jalousie

Si votre partenaire vous fait subir cette forme de jalousie paranoïaque, adoptez une attitude positive en vous concentrant sur vous-même et en essayant de mettre de la distance avec lui quand il est en crise, pour aller vers une relation plus sereine et tenter de désamorcer ses colères et son agressivité.

Vous n'avez en aucun cas à accepter des comportements humiliants, violents ou qui vous privent de liberté.

Face à ces crises délirantes, inutile de vous justifier sur votre emploi du temps ou vos fréquentations ; en revanche, essayez de rassurer le jaloux sur vos sentiments en lui disant que vous l'aimez mais ne pouvez tolérer son attitude.

Si toutefois il se montre incapable d'entendre raison et de prendre conscience de son problème, il faut le mettre devant ses responsabilités : soit il accepte de changer de comportement, soit la relation n'est plus possible.

Si vous vous sentez en danger, ne restez pas, tant que la situation n'a pas été prise en main : la plupart des crimes passionnels ont lieu lors de crises de jaloux pathologiques.

N'hésitez pas à contacter un médecin, un psychologue, ou même la police…

☺ À faire........................

• Réfléchissez à la situation et admettez que vous avez un problème de jalousie maladive.

• Notez le rythme et l'intensité des crises.

• Essayez d'identifier les éléments qui provoquent les montées de stress.

• Rationnalisez vos doutes : qu'est-ce qui est réellement une menace, et qu'est-ce qui ne l'est pas ?

• N'hésitez pas à demander de l'aide (ami, famille, psy, médecin…), si vous pensez ne pas réussir à vous en sortir seul.

• Reprenez le contrôle de vos émotions pour limiter le sentiment de paranoïa et de persécution.

☹ *À éviter*........................

- Ne pas se laisser dépasser par la paranoïa.
- Identifiez vos pensées obsédantes pour ne pas être submergé.
- Ne vous isolez pas et ne vous repliez pas sur vous-même, cela ne ferait qu'amplifier le sentiment de persécution.
- N'ayez pas recours à la violence physique ou psychologique sur votre partenaire.
- N'isolez pas votre partenaire.

10

Celui qui pratiquait l'espionnage

Une histoire, une situation

Pablo, en couple avec Anaïs depuis un an et demi, est tellement persuadé qu'elle est sur le point de le quitter pour un autre que cette idée occupe tout son esprit et son temps. Elle le rend fou !

Pour essayer de trouver enfin les preuves

de l'infidélité d'Anaïs qui l'obsède jour et nuit, il en est venu à mettre en place toute une stratégie de surveillance.

Cela a commencé doucement par une inspection des e-mails et du téléphone d'Anaïs, la fouille de ses poches et de ses sacs à main, pour basculer dans un véritable travail d'espionnage à plein temps… qui lui a fait perdre son emploi. Caméra de surveillance miniature installée dans la voiture, système d'écoute de conversations téléphoniques, récupération des e-mails à distance : Pablo est devenu un expert dans l'art de traquer les informations.

Il est persuadé que s'il laisse Anaïs seule, elle va le tromper. Il reste donc avec elle du matin au soir. Il l'accompagne partout, même à ses rendez-vous professionnels. Si c'est avec une femme, il laisse Anaïs entrer seule dans le bureau ; sinon, il lui emboîte le pas. À cause de lui, Anaïs a perdu de nombreux élèves (elle est professeur de musique).

Persuadé que sa femme l'endort chaque soir à l'aide de somnifères pour aller rejoindre son amant, Pablo place désormais devant la porte de leur chambre une table couverte d'objets bruyants, afin d'être réveillé si elle s'en allait courir le guilledou.

Anaïs pense sérieusement à se séparer de Pablo, car le quotidien est devenu invivable.

Lui, en revanche, ne semble avoir aucune conscience du problème.

Mon diagnostic

Voilà un cas de jalousie pathologique totalement envahissante.

Comme toutes les formes de jalousie maladive, elle est incontrôlable, obsédante, et surtout exponentielle. C'est de pire en pire. Toute la vie de Pablo est consacrée à la surveillance d'Anaïs. Sa jalousie a tourné à l'obsession. Terrorisé à l'idée qu'elle le quitte, il a vu son angoisse devenir ingérable. Au point de traquer sa compagne, submergé par des images de tromperie.

Nous avons affaire ici à un véritable harcèlement. Anaïs n'a plus la moindre parcelle de liberté, car tout est bon pour vérifier si sa partenaire n'est pas infidèle…

Il ne semble plus rester beaucoup de place pour l'amour dans leur couple, car Anaïs est considérée par son compagnon comme un objet de surveillance, et non plus comme une personne aimée.

Elle a accepté cette situation, convaincue que si Pablo avait effectivement la preuve qu'elle ne le trompait pas, il serait rassuré, aurait de nouveau confiance en elle, et tout rentrerait dans l'ordre.

Malheureusement ce n'est pas du tout ce qui s'est passé… Bien au contraire ! Cet espionnage est devenu comme une drogue pour Pablo, apparemment persuadé qu'en cessant sa surveillance de chaque instant, il laisserait la porte ouverte à la tromperie.

En outre, il a l'impression que son angoisse est moins grande quand Anaïs est totalement sous contrôle. Et comme cette angoisse est très douloureuse pour lui, il maintient et amplifie tout ce qui peut l'aider à modérer son stress.

On voit bien ici que Pablo a perdu tous ses repères : sa jalousie a pris de telles proportions qu'il ne peut même plus travailler et met Anaïs dans une situation professionnelle très difficile.

Comme dans la plupart des situations de jalousie pathologique, le couple est de plus en plus fragilisé. Anaïs, à bout, envisage sérieusement une séparation.

La privation de liberté, la restriction de ses contacts et toutes les contraintes posées par son compagnon poussent la jeune femme vers la sortie, ce dont Pablo était justement persuadé de se prémunir en la coupant de tout !

À savoir........................

Cette forme de jalousie est obsédante : le jaloux ne pense qu'à ça et devient un professionnel de l'enquête, un agent FBI de la relation.

La jalousie maladive survient généralement chez des personnalités émotionnellement fragiles, souvent définies par la méfiance, la susceptibilité, l'orgueil – reflets d'un profond manque de confiance en soi.

Revêtant la forme d'une explosion

émotionnelle de stress excessive que le jaloux ne parvient plus à maîtriser, cette jalousie maladive est la marque d'un fort sentiment d'insécurité et peut générer un véritable harcèlement, parfois violent.

Elle engendre souvent trois types de comportements :

– une surveillance très étroite,

– une restriction des contacts,

– un isolement décidé par le partenaire de tout ce qui peut représenter une menace extérieure à ses yeux : travail, activités, etc.

Ici, la jalousie se nourrit de la notion d'exclusion : celui ou celle qui est jaloux s'imagine « exclu » de l'amour de l'autre, qu'il blâme, le considérant comme le responsable de sa souffrance. Ce type de jaloux refuse aussi l'idée de trahison, une obsession qui le contraint à établir une telle surveillance.

La personne souffrant de cette forme de jalousie pathologique vérifiera chaque jour les déplacements de son partenaire, fouillera ses poches, son sac, lira son courrier ou ses e-mails, scrutera le contenu de son ordinateur, de son mobile, interprétera tout geste et toute parole comme un indice d'infidélité.

Le problème de cette jalousie obsessionnelle, c'est qu'elle a pour conséquence de conforter dans ses pensées celui qui en est atteint – « Heureusement que j'ai vérifié, sinon l'autre aurait pu me tromper » –, donc de renforcer ses comportements de vérification pour se rassurer à propos de l'autre.

Pour calmer son angoisse et s'assurer qu'il garde l'exclusivité affective de son partenaire, il devra sans cesse renforcer son contrôle.

Attention aussi à la sexualité qui, dans ce cadre de jalousie maladive, n'est que fusion pour le jaloux. Souvent, il (elle) ne recherche pas l'étreinte amoureuse mais la domination de l'autre.

Le jaloux se retrouve donc pris dans un cercle vicieux difficile à rompre.

☞ Mes conseils...................

Cette forme maladive de jalousie doit être prise au sérieux dès le début avant qu'elle ne mène à la séparation ou à de dangereuses violences.

Comme pour toutes les autres formes de jalousie pathologique, il est souvent difficile de s'en sortir sans une aide extérieure. On peut néanmoins apprendre à en contrôler les effets négatifs. D'abord, en essayant d'en apprendre plus sur ses pensées obsessionnelles, pour comprendre ce qui se cache derrière elles : notre angoisse pourrait-elle être une résurgence d'un incident vécu dans le passé ? À quoi fait écho le besoin maladif de possession ?

Il est important aussi de rechercher quelles situations provoquent du stress : surviennent-elles quand le partenaire s'entretient avec un potentiel rival, ou simplement quand il est hors de portée de notre regard ?

Le jaloux pourra tenir un carnet de bord où il notera tout ce qu'il observe lors de ses crises : intensité de l'angoisse, causes, symptômes – palpitations, boule dans la gorge, sensation d'étouffement –, et réactions aux crises telles que colère, cris, pleurs, violence physique ou verbale…

La tenue de ce « journal de la jalousie » l'aidera à prendre un peu de recul sur la situation et à pouvoir envisager de l'analyser pour mieux en comprendre les mécanismes.

Le jaloux devra aussi se pencher sur ses pensées machinales qui surviennent par anticipation, c'est-à-dire les situations angoissantes qu'il imagine régulièrement quand son partenaire est loin de lui, par exemple, et essayer d'éloigner les images qu'il se représente car elles ne sont pas la réalité.

Apprendre à gérer ses émotions va aussi être un élément important. En effet, connaître et reconnaître ses émotions et leur fonctionnement peut aider à en reprendre le contrôle. La relaxation peut être un bon moyen, car elle favorise la reconnexion avec son corps et ses sensations.

Quand on a accompli ce premier pas vers une meilleure maîtrise de ses sentiments, il faut commencer ce que j'appelle « la détox », c'est-à-dire la réduction des vérifications et des restrictions que le jaloux impose à son partenaire.

Un peu à la manière des personnes allergiques lors d'une désensibilisation, le jaloux va devoir s'exposer aux situations qui l'angoissent, de façon imaginaire d'abord, puis de façon réelle. Dans ce cas, par exemple, Pablo devra dans un premier temps se représenter mentalement des situations où Anaïs est loin de lui – au travail, au supermarché, avec des amis – et apprendre à contenir son stress face à ces images. Quand il sera parvenu à prendre du recul et à gérer ses émotions, il faudra rentrer dans le vif du sujet en se confrontant à ces situations.

Dans cet exercice, il convient de commencer par des situations faciles, et les réitérer, jusqu'à ce que la situation ne pose plus aucun problème.

On passera ensuite à une situation un peu plus délicate, et ainsi de suite. Ainsi, le jaloux se rendra compte que ce qu'il redoute ne se produit pas : cela lui permettra de reprendre confiance en lui.

Par cette technique, il va s'entraîner au « lâcher prise » et pourra alors relativiser et gérer ses sentiments de manière beaucoup plus sereine. Il sera alors bien mieux préparé à faire face à ses accès de jalousie et à les désamorcer.

Si sa situation ne s'améliore pas, il est fortement conseillé de consulter un thérapeute qui l'aidera à trouver en lui des ressources pour combattre ses émotions et comportements explosifs.

Si vous subissez cette jalousie

Vous pouvez, comme le font certains, choisir de vous protéger : bloquer l'accès aux e-mails, au mobile, non sans mal le plus souvent !

Cette période va être très délicate, tant elle sera difficilement supportable pour le jaloux maladif qui n'aura plus les moyens de tout contrôler. Pourtant, poser des limites peut se révéler bénéfique pour lui : comme il est *addict*, le priver de sa « drogue », c'est déjà l'amener sur un chemin de guérison.

Mais comme il n'est pas toujours évident de résister et de tenir les limites que l'on a posées, dans les moments de crise, mieux vaudra partir, s'éloigner en attendant que le jaloux reprenne ses esprits.

Le plus important est de refuser de rentrer dans son jeu, car il sera alors bien difficile d'en sortir. Tenez-vous-en aux faits, et uniquement aux faits, sans chercher à vous expliquer ou à vous justifier.

☺ À faire......................

• Analysez votre besoin de possession, cherchez de quoi il peut découler.

• Essayez de déterminer les situations déclenchantes.

• Tenez un journal de bord de votre jalousie pour en apprendre plus sur ses mécanismes.

• Respectez le jardin secret de l'autre : a-t-on réellement besoin de savoir, parce qu'on a fouiné partout, qu'il a des hémorroïdes ?

• Sortez du schéma de surveillance par un programme de « détox » pour apprendre à ralentir l'espionnage.

• Testez des activités relaxantes : non seulement elles vous occuperont le corps et l'esprit, donc vous détourneront de vos pensées paranoïaques, mais elles vous apprendront à maîtriser vos émotions et comportements.

• Si vous sentez que vous ne pouvez pas vous en sortir seul, consultez un médecin, un psy, ou demandez de l'aide à votre entourage.

☺ *À éviter*....................

• Ne fouillez pas dans les affaires de votre partenaire : quand on cherche, on trouve toujours. Et vous trouverez toujours quelque chose qui sera susceptible d'alimenter votre jalousie : un *like*, un *follow*, etc.

• N'espionnez pas l'autre : s'il vous surprend, il ne vous fera plus confiance.

• Ne cherchez pas à tout prix à tout savoir de l'autre. Le jour où il vous aura préparé une surprise, vous aurez tout gâché !

• L'espionnite aiguë peut devenir une

addiction : on commence par un bref coup d'œil à l'historique de son ordinateur, et on finit par se relever la nuit pour lui faire les poches.

• Ne donnez pas de poids à vos pensées obsessionnelles.

• N'insistez pas pour essayer de vous en sortir seul, si vous ne vous sentez pas à la hauteur. Allez chercher de l'aide à l'extérieur.

11

Celui qui créait ses propres scénarios

Une histoire, une situation

Nawel partage la vie de Yamin depuis quatre ans.

Mais aujourd'hui, rien ne va plus, Yamin semble avoir basculé dans une psychose obsessionnelle : il s'imagine que sa femme le trompe tout le temps, et avec à peu près tout le monde.

Dès qu'elle sort faire une course, il imagine les pires scénarios et finit par se persuader que ce qu'il imagine se produit vraiment.

Pour lui c'est une évidence : Nawel entretient, entre autres, une relation intime avec un de ses collègues de travail. Il est persuadé d'avoir vu clair dans son jeu : elle rejoint l'un de ses amants chaque midi à l'hôtel ! C'est pour cela qu'elle est de si bonne humeur le soir quand elle rentre à la maison.

La scène défile dans sa tête, précise comme sur un écran ! Nawel passe toutes ses pauses déjeuner à faire l'amour, soit à l'hôtel soit dans des lieux incongrus.

Chaque jour, Yamin s'invente un nouveau film où il se repasse les étreintes de sa fiancée dans des endroits différents. Et plus Nawel est adorable en rentrant, plus Yamin est convaincu d'avoir vu juste !

Depuis trois mois, ils attendent un bébé ; mais au lieu de calmer les délires obsessionnels de Yamin, cela semble aggraver la situation. Car il a la certitude que cet enfant n'est pas de lui, puisque sa compagne multiplie les amants ! Cette idée le rend fou et lui donne parfois l'envie fugace de bousculer Nawel un peu violemment : elle perdrait le bébé, et ils pourraient reprendre une relation normale.

Pour Yamin, Nawel fait semblant mais n'est pas amoureuse de lui. Même dans leurs moments d'intimité, son esprit est envahi par des images de sa fiancée avec ses amants.

Mon diagnostic

Fondée sur l'imagination, la jalousie revêt ici un caractère irrationnel. Nous sommes bien dans le cas d'un jaloux maladif obsessionnel, car l'imaginaire de Yamin prend le pas sur la réalité et le conduit aux pires excès.

Il y a là une idée fixe. Le jeune homme ne supporte pas qu'une part de sa compagne lui échappe, et « ne pas savoir » représente pour lui un vide à ce point insupportable qu'il s'invente un scénario pour le combler. Même délirant et fantasmé, ce procédé le rassure car, pour l'inconscient, tout scénario est préférable à l'inconnu.

Yamin réorganise la réalité de façon

délirante, dans une exaltation quasi démentielle, croyant fermement à ses interprétations : il projette ses idées délirantes de manière précise sur la personne de Nawel. Ce délire de jalousie est aussi nommé « syndrome d'Othello », en référence à la fameuse pièce de Shakespeare dont l'intrigue est fondée sur une jalousie passionnelle, irrationnelle.

Le dramaturge considère la jalousie comme « un monstre aux yeux verts qui produit l'aliment dont il se nourrit ».

On voit bien chez Yamin un développement de croyances fallacieuses et d'idées fausses. Dans cet aspect délirant de la jalousie, Yamin fait une fixation sur sa compagne qui devient le miroir de toutes ses angoisses. Obnubilé par l'infidélité de sa fiancée, il n'a même pas besoin de chercher des preuves de ses tromperies : le simple fait de les avoir vues dans son imaginaire suffit pour lui à les rendre réelles.

Pour le jeune homme, quand sa compagne est hors de sa vue, elle est ou souhaite forcément se trouver avec un autre. Son angoisse n'a plus rien à voir avec la réalité, elle repose sur un déséquilibre émotionnel.

Cette forme de jalousie peut, dans les cas les plus extrêmes, provoquer des délires hallucinatoires où le jaloux pense réellement assister aux situations crées par son imaginaire.

À savoir........................

Cette forme de jalousie est en dehors de toute réalité. Elle limite la relation à ce qui pourrait arriver, au lieu de se concentrer sur ce qui se passe vraiment, et c'est là tout le problème : la personne jalouse pathologique peut se transformer en un scénariste hors pair. Elle se voit dans la peau d'un anti-héros trahi. Les autres acteurs ont beau se justifier, donner la preuve de leur innocence, le jaloux n'entend rien, obsédé par ses images de tromperie. Il est dans le déni total.

C'est une perturbation chronique du fonctionnement de la pensée, où les croyances sont fondées sur une illusion, mais lui a la conviction absolue qu'elles sont la vérité.

Aucun argument ni aucune preuve ne pourra ébranler sa conviction, même si celle-ci paraît absurde. Il y a confusion entre le délire du jaloux et la réalité factuelle.

Le jaloux pathologique, ici, croit voir, entendre, sentir des choses qui n'existent pas. Il ne se rend pas compte qu'il a progressivement quitté la réalité et se retrouve perdu dans son propre esprit, prisonnier de ses illusions.

Il peut même parfois éprouver une jouissance inconsciente à se raconter ces histoires, d'où la difficulté de stopper. C'est une manière de reprendre, *via* le scénario, la maîtrise ou le contrôle inconscient de ce qui lui échappe.

Ce type de comportement se rencontre souvent chez des personnes émotionnellement très fragiles et instables, leur jalousie pathologique leur donnant de manière illusoire l'impression d'avoir le contrôle sur leur partenaire malgré leur manque de confiance en elles-mêmes.

Et cette jalousie pathologique vient ternir toutes ses relations. Le jaloux maladif, dans chacune de ses histoires, aura l'intime conviction d'être en danger permanent. La tromperie l'obsède au point de ne plus pouvoir faire confiance à l'autre... Pourtant, il y a de fortes chances que son partenaire l'aime profondément... jusqu'au jour où il ne supportera plus la situation.

Il n'est pas rare que, sous une pression incessante, le ou la partenaire finisse par vouloir échapper à une telle relation de séquestration.

Comme dans *L'Enfer*, le film de Claude Chabrol, le jaloux imagine des scénarios, où il voit très précisément en images, comme dans un petit cinéma intérieur, son amoureuse le tromper. Le « petit cinéma » peut être déclenché par un élément extérieur, la manière qu'a le partenaire de parler à quelqu'un, de le regarder, etc., ou bien par la seule force de l'imagination du jaloux, et c'est précisément le cas ici. Toutes les situations sont fantasmées.

Ces représentations imaginaires font alors atrocement souffrir le jaloux, qui ne parvient plus à contrôler ce flot d'images qui le submerge. Mais toute explication est inutile, car le jaloux n'écoute que son délire. Ce délire passionnel s'installe insidieusement et se nourri et se développe aux dépens d'événements anodins qui feront l'objet d'interprétations extravagantes.

Dans ce type de jalousie que rien n'apaise, l'autre est une source d'angoisse incontrôlable. Le jaloux déroule le film dans sa tête : c'est ce film qui le fait souffrir, et non la réalité.

☞ *Mes conseils*..................

La première victime de cette jalousie est le jaloux lui-même, car il est prisonnier de ses scénarios imaginaires dont il n'arrive pas à s'échapper. Le soupçon laisse ici la place au délire, et les images fantasmées ne connaissent aucune limite. Cette forme de jalousie est une vraie pathologie. Elle atteint un tel niveau que les crises répétées créent un stress pouvant conduire à des conduites violentes et dangereuses sur un plan psychologique, physique ou sexuel. Ces situations ne sont donc en aucun cas à prendre à la légère !

Si la jalousie prend une forme inquiétante ou destructrice, il ne faut pas hésiter à demander de l'aide. Le jaloux, ici, est dans l'incapacité d'envisager sa relation sous un angle positif. Pour lui, dans une relation, il y a un bourreau et une victime.

Les déclencheurs de cette jalousie étant les scénarios imaginés, c'est au jaloux de décider de se jouer un autre scénario. Pour y parvenir, il lui faudra mettre une véritable action en place, avec de nouveaux scénarios moins anxiogènes qui auront pour conséquence la régression, voire l'effacement, de son comportement.

Pour le jaloux, cela signifie accepter que ce qui se passe dans son imagination n'est pas la réalité, et que les histoires créées par son cerveau ne sont pas réelles. Et c'est seulement lorsqu'il aura compris cela (ce qui peut prendre du temps) qu'il pourra modérer ses scénarios qu'il invente, et ainsi diminuer ses réactions destructrices.

Dès l'acceptation de ce mécanisme de

création de scénarios, il va devoir apprendre à tenir ses émotions à distance. En effet, essayer de maîtriser sa jalousie quand on est submergé par ses émotions revient à essayer de contrôler un dérapage en voiture sur du verglas. Mais, certaines techniques de relaxation, la sophrologie par exemple, permettent d'acquérir une meilleure maîtrise de soi.

Si vous êtes de ce type de jaloux, replongez-vous dans les souvenirs de vos expériences précédentes. Pensez à toutes vos relations ratées à cause de votre jalousie maladive. Dites-vous que ces histoires auraient pu perdurer si vous n'aviez pas eu ce comportement destructeur. Prenez conscience qu'un tel comportement vous empêche de vivre une vie de couple normale et faites face à la réalité : l'imagination peut être un atout, mais dès qu'elle détourne maladivement notre esprit, elle devient dangereuse.

Quand votre partenaire a deux heures de retard et que vous passez tout ce temps à imaginer les pires scénarios en vous persuadant qu'il s'agit de la vérité, vous allez réagir violemment, provoquer une dispute qui va tourner à la crise. Tout cela parce que vous aurez permis à votre imagination de diriger vos sentiments. Alors, ne faites pas confiance à votre imagination : elle vous ment !

Si vous vous sentez perdu face à tout cela, et que vous ne savez plus que penser de votre situation puisque votre imagination vous pose un problème, essayez d'en parler avec une personne de confiance, qui pourrait poser un regard objectif et dépassionné sur ce que vous vivez.

Pour que le jaloux puisse s'affranchir de ses scénarios imaginaires, il faut l'aider à rendre son esprit disponible pour autre chose, par exemple des activités qui requerront toute son attention – sports, loisirs, activités professionnelles – afin de détourner son esprit de ses émotions envahissantes. Il devra aussi parvenir à s'inventer de nouveaux scénarios moins anxiogènes.

Il est compliqué d'amener un jaloux délirant à se soigner, car il ne se considère pas comme un malade mais comme une victime. Si vous faites partie de ce type de jaloux et que, malgré vos efforts, vous ne parvenez pas à vous en sortir, il faut aller chercher de l'aide auprès d'un thérapeute qui vous aidera à soigner vos troubles.

Si vous subissez cette jalousie

Il est fondamental d'établir un rapport d'empathie avec le jaloux et de lui faire savoir qu'on reconnaît sa peur et sa douleur.

Si votre partenaire est envahi par ses scénarios inventés de toutes pièces, n'essayez pas de vous justifier, cela ne ferait qu'attiser sa jalousie.

N'accordez aucun crédit à ses scénarios imaginaires.

Restez concentré sur les faits, et tenez-vous-en à cela.

Rassurez votre partenaire sur sa valeur à vos yeux, afin de lui renvoyer une image positive de lui.

Vous êtes face à un jaloux pathologique. Alors, si vous vous sentez menacé, prenez vos distances pour quelque temps afin de vous protéger.

Expliquez votre démarche, vos peurs et permettez-lui d'y réfléchir, seul.

Si la violence physique semble se profiler, prévenez votre entourage ou les forces de police.

☺ *À faire.* . . . .

- Sortez de vos scénarios imaginaires pour diminuer l'intensité des crises.
- Isolez-vous si vous sentez que celles-ci peuvent devenir violentes.
- Sortez du schéma bourreau-victime.
- Imaginez de nouveaux scénarios agréables, pour remplacer ceux qui sont anxiogènes.
- Acceptez que ce qui se passe dans votre imagination n'est pas la réalité.
- Mettez les émotions à distance et concentrez-vous sur les faits.
- Essayez des techniques de relaxation pour une meilleure gestion de vos émotions.
- Rendez votre esprit disponible pour autre chose, d'autres activités qui vous détourneront de votre imaginaire envahissant.

• Prenez conscience de votre responsabilité dans vos problèmes de couple.

• Demandez de l'aide à votre entourage pour reprendre conscience de la réalité.

• Consultez si vous vous sentez dans l'impasse, et incapable de vous en sortir seul.

☹ *À éviter*........................

• Ne donnez pas de crédit aux images fantasmées crées par votre cerveau.

• Ne vous repassez pas le film de vos scénarios anxiogènes.

• Ne vous laissez pas submerger par vos émotions.

• N'essayez pas de maîtriser votre jalousie au moment où vous êtes envahi par vos émotions, attendez qu'elles « retombent ».

• Ne réagissez pas par la violence physique ou psychologique, préférez vous isoler si vous avez du mal à vous contrôler.

• Ne réagissez pas aussitôt par la visualisation de votre « film imaginaire ». Ce serait courir le risque d'être trop habité par les images créées par votre esprit, et de pouvoir vous comporter calmement.

- Ne laissez pas votre imagination diriger vos sentiments ; ne faites jamais confiance à votre imagination.

12

Celui qui était jaloux du passé de l'autre

Une histoire, une situation

Maeva et Guillaume se sont rencontrés il y a trois ans. Ils ont aujourd'hui trente-deux ans. Ils ont donc eu une vie amoureuse avant de se connaître.

Problème : Guillaume ne supporte pas que sa compagne ait eu d'autres relations avant la leur. On peut même dire que cette pensée lui est intolérable. À cette idée, il commence à avoir les mains moites et à éprouver une sensation d'étouffement. La simple idée que sa compagne ait pu avoir des relations intimes avec d'autres le rend dingue.

Il passe d'ailleurs beaucoup de temps à aller scruter les pages Facebook des anciens petits amis de Maeva, afin de vérifier qu'ils sont bien en couple et ne représentent pas une menace pour lui.

Maeva a eu un petit garçon de son premier mariage, et elle entretient des relations cordiales, sans plus, avec son ancien compagnon. Mais ils se croisent régulièrement, quand l'ex-mari vient chercher ou ramener son fils. Cette situation plonge chaque fois Guillaume dans une rage folle. Il est systématiquement submergé par le stress et la colère, et cela dégénère en crise : il explose, hurle après Maeva et la traite de tous les noms avec une agressivité insupportable. Il imagine qu'elle aime sans doute encore son ex, même si elle l'assure du contraire. Puis il s'enferme dans la salle de bains, parfois pendant plusieurs heures.

Pourtant, il sait que Maeva l'aime et qu'elle est heureuse avec lui... en dehors de ses crises. Ensuite, bien sûr, il regrette, s'excuse et jure par tous ses grands dieux que ça n'arrivera plus. Mais chaque fois il recommence...

Maeva, épuisée par ces colères de plus en plus violentes, ne voit pas d'issue à cette situation, si ce n'est la rupture.

Mon diagnostic

Guillaume est suffisamment intelligent pour comprendre la situation, mais pas suffisamment adulte émotionnellement pour cesser de souffrir. Il a beau traîner sur les pages Facebook des ex de Maeva pour essayer de « savoir », il ne sait rien. Ce que Maeva a partagé avec ses anciens partenaires est insaisissable. Et c'est bien là manifestement que le bât blesse. Et blesse encore... La souffrance ressentie par Guillaume est donc sans fond.

La seule pensée de ces liaisons passées suffit à le plonger plusieurs heures, parfois plusieurs jours, dans une angoisse et une tristesse irrépressibles. Il se dit qu'ils se sont aimés par le passé et que cet amour pourrait renaître, comme si, pour se sentir bien, il devait être la seule personne dont sa compagne ait jamais été amoureuse.

Inconsciemment, il ne se sent pas à la hauteur. Il manque de confiance en lui, et ce déficit l'entraîne sur la pente glissante de la jalousie pathologique, celle où ses crises ne sont causées que par des faits déconnectés de la réalité.

Pourtant, ici, la relation entre Maeva et son ex est claire et sans ambiguïté. La jalousie ne devrait pas y avoir sa place, tant elle est déconnectée de la réalité.

À savoir......................

Ce sentiment vient souvent de l'enfance et d'un désir d'être aimé de manière exclusive par un des parents. Toute histoire d'amour forte démarre sur la volonté de faire table rase du passé, d'inventer un amour sans ombre, sans trace. La passion ne veut rien savoir du passé ! Mais cette politique de terre brûlée n'est pas destinée à durer au-delà de la première phase relationnelle qui suit la rencontre, la phase passionnelle.

Que se passe-t-il alors quand cette situation perdure et que surgit alors la jalousie maladive ? De nouveaux comportements annoncent son apparition : intérêt excessif pour le passé de l'autre, traque des indices, tristesse incontrôlable engendrée par des anecdotes insignifiantes… Elle est souvent la conséquence d'un besoin de contrôler l'autre, même dans ses souvenirs – qui pourtant nous échappent. C'est un désir de toute-puissance factice. Cela peut aussi être la conséquence d'une impossibilité à accepter que l'autre ait eu du plaisir avant nous, comme s'il nous appartenait, autant que son passé.

C'est là encore le symptôme d'une grande insécurité affective, le reflet d'un profond malaise dans l'estime de soi. La maturité du couple, pourtant, repose sur l'acceptation et le respect du passé de l'autre.

Il arrive parfois que le jaloux, dans ce type de problématique, aime inconsciemment fantasmer sur les anciens partenaires de son partenaire, sur le plan amoureux mais aussi sexuel. Ce faisant, il cultive à la fois son désir et sa jalousie, se torture et se blesse lui-même.

Cette forme de jalousie centrée sur le passé de l'autre de manière irrationnelle est relativement répandue. Souvenez-vous de l'affaire du tweet de Valérie Trierweiler, qui avait accordé son soutien au rival de Ségolène Royal. Voilà un parfait exemple de jalousie maladive, irrépressible et non maîtrisée, envers l'ex de son compagnon ! Valérie Trierweiler a été incapable de se contrôler, et sa jalousie a pris le dessus sur tout le reste.

La jalousie obsessionnelle fait ici écho à un désir de fusion qui fait de l'ex un dangereux rival. Le jaloux en arrive même à prêter à l'ex des pouvoirs maléfiques – « Dès qu'ils vont se revoir, ma compagne – mon compagnon va forcément retomber dans ses bras ». C'est une forme de jalousie que rien n'apaise au moment de la crise, tant le jaloux est persuadé que ce qui se joue entre son compagnon et son ex est quasi mystique.

Cette « torture » fait souffrir le jaloux et l'empêche de profiter de sa relation ; il est envahi par un stress qui le dépasse. À cette jalousie maladive, s'ajoute souvent la culpabilité, celle de reprocher à l'autre un passé qu'il ne peut changer, de lui imposer des crises terribles, d'être odieux…

☞ *Mes conseils*……………………

Il convient tout d'abord d'analyser la situation. Aujourd'hui, l'ex, comme son nom l'indique, fait partie du passé, alors que, si vous êtes ce jaloux, c'est que vous faites partie du présent.

Si votre compagne a choisi de poursuivre sa route avec vous et non avec son ex, c'est parce que c'est vous qu'elle aime, quoi que vous en pensiez. Reconnaître sa jalousie, c'est déjà se donner les moyens de la dépasser. Parlez de vos sentiments, ouvrez-vous à votre partenaire et dites-lui ce que vous ressentez. Employez le « je » : « Je ressens… », « Je n'aime pas que… », plutôt qu'un « tu » accusateur.

Vous avez-vous-même certainement eu des relations amoureuses avant de rencontrer votre partenaire. Quel regard posez-vous sur vos anciennes histoires ?

Quand vous aurez intégré cet état de faits, interrogez-vous sur les raisons de votre angoisse : fait-elle écho à une insécurité déjà ressentie dans le passé ?

Soyez attentif aux preuves d'amour que vous donne votre compagne ou compagnon. Il ou elle essaie certainement de vous rassurer sur son amour pour vous. Acceptez-le et tenez-en compte.

Ne vous comparez pas aux autres : aucun couple ne se ressemble. Respectez l'autre pour qu'il vous respecte.

Si vous subissez cette jalousie

Votre partenaire est jaloux maladif de votre ou de vos ex, car il manque de confiance en lui.

Rassurez-le sur votre amour et sur le fait que vos histoires passées sont bel et bien définitivement terminées.

Dites-lui à quel point il a de l'importance pour vous.

Proposez-lui de vous accompagner, si vous

devez voir votre ex, afin qu'il constate par lui-même qu'il n'y a aucun danger.

Ne rentrez pas dans les détails de vos histoires passées : moins il en saura, moins il se fera de films.

Ne racontez pas vos précédentes relations amoureuses avec nostalgie, cela pourrait le blesser et attiser sa jalousie.

Répétez-lui que ce qui importe à vos yeux, c'est le présent.

☺ *À faire*.......................

- Admettez que vous avez un problème de jalousie.
- Replacez les choses dans leur contexte : un ex fait partie du passé, vous êtes dans le présent.
- Partager votre ressenti avec votre partenaire.
- Rappelez-vous vos anciennes relations. Quel regard posez-vous dessus ?
- Soyez attentif aux preuves d'amour que vous donne votre partenaire.
- Travaillez votre confiance en vous.

• Sortez du registre passionnel et préférez-lui le registre complice.

• Acceptez le passé de l'autre.

☹ ***À éviter*** ....

• Ne vous comparez pas aux autres, chaque couple est différent.

• Ne vous focalisez pas sur le passé de l'autre, restez concentré sur le présent.

• Ne vous laissez pas dépasser par vos émotions, gardez le contrôle.

• Ne vous dévalorisez pas. Si votre partenaire vous a choisi, c'est que vous en valez la peine.

• Évitez de nourrir de la rancœur vis-à-vis des anciens compagnons de votre partenaire, si vous êtes amené à les croiser de temps en temps. Cela ne ferait qu'alimenter votre jalousie.

13

Celle qui aimait sa jalousie parce qu'elle la faisait se sentir vivante

Une histoire, une situation

Christophe et Ariane s'aiment et ont tout pour être heureux… si ce n'est les crises de jalousie d'Ariane, qui tournent parfois à l'hystérie. Ariane, d'un naturel fougueux, a toujours vécu des histoires passionnelles pour ne pas s'ennuyer : une relation sans portes qui claquent, sans verres cassés, elle ne connaît pas. Tout peut déclencher une crise chez elle. Le regard insistant d'une fille sur Christophe, un échange sur Facebook, bref, même les choses les plus anodines peuvent être à l'origine d'une poussée de colère. Elle fait une montagne d'un détail. Christophe, très amoureux d'Ariane, ne comprend pas son attitude. Elle passe son temps à chercher la petite bête pour lui tomber dessus, alors qu'il n'a rien à se reprocher.

Lors de ses terribles colères, tout peut arriver. Elle peut même aller jusqu'à la violence physique, sur Christophe ou elle-même. Quand son compagnon essaie de lui dire qu'elle a un problème, elle redouble d'agressivité. Ils se réconcilient en général sur l'oreiller, et la jeune fille fait ensuite comme si de rien n'était…

Ariane justifie son comportement par son « fort caractère » : il faut l'accepter comme elle est, et elle n'envisage pas de changer pour le moment.

Mon diagnostic

Ariane est une habituée des relations amoureuses théâtrales, des émotions fortes, et des assiettes qui volent. Elle aime ce type de rapports amoureux passionnels, grâce auxquels elle se sent exister.

Elle éprouve le besoin de sentir la pression exercée sur l'autre pour se sentir dominante, et ainsi se rassurer sur sa valeur. La jeune fille a même parfois recours à la violence physique qu'elle ne peut contrôler. C'est une prise d'otage de l'être aimé, mais aussi d'elle-même. Ariane semble enfermée dans son rôle, dans sa bulle de jalousie.

Dans cette histoire, il est plus question d'amour-propre que d'amour. C'est son rapport à elle-même qui lui pose un problème, et non son rapport à l'autre. Ariane, par ses crises, cherche inconsciemment à se rassurer en permanence sur l'amour de Christophe. Elle se dit que s'il reste avec elle malgré ses colères apocalyptiques, c'est qu'il l'aime vraiment. Mais elle est dans le déni total de son problème et se retrouve prisonnière de ses pulsions.

Christophe aimerait qu'Ariane change, car la situation lui est devenue très pénible.

À savoir

Le problème que soulève cette histoire est, comme nous venons de le voir, avant tout un problème d'amour-propre. Le jaloux a un besoin vital de l'autre pour exister… et exercer sa jalousie. Cette nécessité est si puissante qu'elle consomme une grande quantité d'énergie et limite son champ émotionnel. Le jaloux ne peut plus vivre sa relation sans cette théâtralisation permanente, qui ne laisse plus de place à autre chose dans le couple. Le jaloux maladif, dans notre cas, « dévore » l'autre qui devient peu à peu un objet pour lui, un peu à la manière d'un chat jouant avec une souris.

Ici, la jalousie est une émotion qu'on nourrit et dont celui qui l'éprouve semble se satisfaire. En effet, elle lui permet de renforcer son emprise sur son partenaire et de se rassurer sur ce qu'il éprouve pour elle : s'il reste malgré tout, son amour doit être très fort.

Le partenaire est poussé dans ses retranchements, qui semblent chaque fois repoussés un peu plus loin, car le jaloux a besoin de preuves d'amour toujours plus grandes.

Cette forme de jalousie joue aussi dans le registre de la domination : on garde une pression constante sur l'autre, afin de garder le contrôle sur lui.

☞ *Mes conseils* ....

La jalousie étant ici nourrie, il faut cesser d'alimenter les émotions qui déteignent sur les comportements. Cesser d'aimer sa jalousie, car elle finit par détruire la plupart des couples.

Il faut admettre ce problème, car il pèse sur les relations et fait souffrir le partenaire. Ce type de jaloux aime sa jalousie, car il se sent exister dans les moments de crise. En effet, dans ces moments, l'attention de son partenaire est tout entière tournée vers lui, ce qui atténue son sentiment d'insécurité.

Soyez à l'écoute de votre partenaire et de sa souffrance, qui ne doit pas être ignorée.

Prenez du recul sur vos sentiments et votre colère, afin de ne pas basculer dans l'hystérie qui se transformerait en violence.

Essayez de maîtriser votre comportement.

Prenez de la distance dans les moments de crise : s'il le faut, sortez prendre l'air quand vous sentez la colère monter en vous. Et revenez seulement quand vous avez réussi à vous calmer.

Essayez de limiter le plus possible vos comportements jaloux. Même si vous ressentez encore de la jalousie, l'intensité de l'émotion négative va diminuer graduellement.

Apprenez à apprécier une relation basée sur le respect et la complicité, et non sur la passion, les drames et les cris, qui finissent toujours par épuiser les meilleures volontés. Vous verrez qu'un peu de calme n'est pas désagréable !

Si vous subissez cette jalousie

Ne cherchez pas à provoquer le jaloux, la situation pourrait dégénérer.

N'oubliez pas : certains jaloux peuvent commettre des actes irréparables, souvent appelés « crimes passionnels ».

Au contraire, rassurez-le sur votre amour.

Ouvrez le dialogue pour expliquer que vous souffrez de cette situation, qui représente une menace pour votre couple.

Posez des limites : s'il ne les respecte pas, éloignez-vous temporairement de lui, jusqu'à ce qu'il prenne conscience de son problème.

Assurcz-lui que vous ne tolérerez pas la violence, qu'elle soit psychologique ou physique.

Si violence il y a, mettez fin à la relation. Ce que vous acceptez aujourd'hui se reproduira demain. Soyez intransigeant sur ce point.

Si vous vous sentez en danger, ou sentez le jaloux en danger, demandez de l'aide. Et en situation d'urgence, prévenez la police.

☺ *À faire*......................

• Cessez d'aimer votre jalousie, c'est un sentiment destructeur !

• Acceptez votre problème.

• Admettez la souffrance de votre partenaire.

• Limitez les crises d'hystérie en prenant du recul vis-à-vis de vos émotions excessives.

• Dans les moments de crise, sortez prendre l'air, le temps que votre tension émotionnelle retombe.

• Détachez-vous du schéma passionnel et privilégiez une relation basée sur le respect et la bienveillance.

• Demandez de l'aide si vous ne parvenez pas à maîtriser la situation.

☹ *À éviter*.....................

• Ne vous servez pas de votre jalousie pour atténuer un sentiment d'insécurité.

• Ne basculez pas dans le cercle infernal de la violence.

• Évitez les comportements jaloux, même si vous éprouvez encore de la jalousie. Cela vous aidera à diminuer graduellement l'intensité de l'émotion.

• Ne cherchez pas à dominer l'autre pour renforcer votre estime personnelle.

Conclusion

La jalousie amoureuse est normale, à condition qu'elle n'entrave pas la liberté de l'autre au quotidien et qu'elle ne devienne pas le moteur, le centre d'une relation.

Quand elle franchit cette limite, quand on ne la contrôle plus, la jalousie peut être considérée comme pathologique, maladive.

Elle devient alors un handicap qui rend tout le monde malheureux, pouvant aller jusqu'à la destruction du couple ou de l'être aimé.

Mais il n'en a pas toujours été ainsi !

À l'époque préhistorique, quand la société était à l'image de la nature, sauvage, violente et impitoyable, la monogamie et le sexisme se sont développés comme moyen de survie.

Ces procédés aidaient à survivre et à se reproduire le plus possible, alors ils se sont généralisés par simple sélection naturelle.

Pour favoriser cette sélection naturelle, une monogamie patriarcale a été instaurée dans de nombreuses civilisations. Le modèle de la famille fermée et solidaire du clan était efficace pour la protection de ses membres, dans une société dangereuse. Si la famille éclatait, les chances de survivre seul diminuaient considérablement.

La jalousie est donc un vestige de l'ère préhistorique, de son monde hostile ; elle jouait à cette époque le rôle primordial de la préservation de l'espèce par la protection du clan familial.

Mais certaines sociétés semblent avoir échappé à ce schéma traditionnel. Souvent isolées dans la forêt ou dans la jungle, des microsociétés ont développé des mœurs très différentes des nôtres, dénuées de toute forme de jalousie.

Dans certaines tribus, en Guyane par

exemple, l'homme est en perpétuels déplacements entre plusieurs tribus. Il a une famille dans chaque « port ». Il entretient ainsi plusieurs femmes et enfants. Et, plus surprenant, chaque femme est aussi entretenue par plusieurs hommes.

Dans d'autres tribus amérindiennes ayant pourtant un mode de vie plus sédentaire, la polygamie pour les hommes, et – plus étonnant – la polyandrie pour les femmes, sont la norme depuis la nuit des temps. Le couple n'existe pas, et tous vivent dans une situation apparente d'anarchie relationnelle. Les enfants sont considérés comme étant ceux de la tribu, et non de leurs parents.

La notion de jalousie n'y a donc aucune prise, puisque celle de couple n'existe pas !

On pourrait imaginer que notre monde moderne aurait enfin réussi à se débarrasser de ce sentiment pernicieux, mais il n'en est rien…

J'aurais même tendance à dire que nous sommes aujourd'hui en présence d'une nouvelle forme de jalousie : la jalousie 2.0 !

Encouragée par les nouveaux modes de

communication et les nouvelles technologies, une nouvelle forme de jalousie se développe en effet : les réseaux sociaux et les technologies modernes permettent une surveillance accrue de l'être aimé, qui alimente encore plus la jalousie.

Il suffit d'un clic pour voir qui sont les nouveaux amis, qui a *liké* le statut de votre partenaire, ou s'il est inscrit sur un site de rencontre.

Un SMS mal interprété, un émoticône envoyé par politesse… Dans ce contexte d'*over* communication, il est de plus en plus difficile de contrôler une jalousie alimentée en permanence !

Alors, quelles solutions pourrait-on envisager au XXIe siècle, pour éradiquer cette jalousie qui empoisonne tant de couples ?

Si de nombreux psychiatres et psychanalystes ont apporté leur décryptage sur ce sentiment si répandu, nous n'en sommes toutefois qu'aux balbutiements en ce qui concerne nos connaissances neurologiques dans ce domaine. De nombreux chercheurs continuent à explorer le cerveau humain, siège de nos émotions, pour en apprendre plus sur les mécanismes de la jalousie.

En 2013, une étude du département de neurologie et de psychiatrie de l'université de Pise, en Italie, a permis de mettre en relief le fait qu'une zone de notre cerveau pourrait être responsable du déclenchement de la jalousie obsessionnelle. Selon le Dr Donatella Marazziti, les racines nerveuses du syndrome d'Othello se situeraient dans la partie antérieure du cortex du lobe frontal du cerveau, siège des différentes fonctions cognitives.

Mais cette étude sur les racines neurologiques de la jalousie n'en est qu'à ses débuts. Il reste encore beaucoup de chemin à parcourir pour comprendre cette émotion qui demeure un grand mystère de la nature humaine. Peut-être un jour serons-nous en mesure de guérir de notre jalousie simplement en avalant une pilule !

Remerciements

Un grand merci à Olivier Ottin, mon cher directeur de collection, et à Margaux Mersié, ainsi qu'à toute l'équipe des éditions Michel Lafon sans qui ce livre n'existerait pas.

Merci à ma tribu pour son amour et son soutien sans faille : Laurent, Hugo, Mael, Maman.

Merci aussi à mes amis si chers à mon cœur : Belinda, Caroline, Marc, Alex, Anaïs, Laurent M., Julia, Gigi, Liv, Nana, Aimée, Patricia, Yamin, Maeva, Diane, Pablo, Ariane, Marguerite, Valérie A., Caroline R.,

Anne-Laure C., Françoise, Hervé et Corinne, Élise et Fabien, L.P. et Nadia, Olivier S. et Marie, Véronique et J.-C. M., Laurent et Brigitte, Charleen et Yves, Pascal et Virginie, Sylvain et Iza, Christophe et Alexandra, Guillaume et Agathe, Pascal et Julie, Laurence G.

Merci à ma *minuteam family* d'amour : Olivier, Rémi, Valérie D., Régis, Jeff, Charlotte, Noémie, Émilie, Laurent, Michel.

Merci aux copains de *Confessions intimes* : Hélène, Bébert, Noémie, Caroline, Pascal B., Paul J., Greg, Vanessa, Carole, Lionel, et Christophe B., Fred, Didier, Manu, Julien.

Et merci à vous tous qui avez lu ce livre. J'espère qu'il aura apporté des réponses à vos questions.

Table des matières

2. LA JALOUSIE POSSESSIVE

3. LA JALOUSIE OBSESSIONNELLE

Composition et mise en pages
Nord Compo à Villeneuve-d'Ascq

IMPRIM'VERT® PEFC™ 10-31-1510

Imprimé en France
par Corlet Imprimeur
14110 Condé-sur-Noireau
Dépôt légal : juin 2016
N° d'impression : 181056
ISBN : 978-2-7499-2898-2
LAF : 2I81